東京櫻花自由行

作者／瓶顆

太雅

CHAPTER 1

東京
賞櫻須知

CHAPTER 2

櫻花品種
與花期

CHAPTER 3

東京
櫻花之旅

4

特輯

瓶顆推薦！
難以割捨的
賞櫻景點

6

作者序

我對櫻花的愛戀，萌芽於結束橫濱留學生活、短暫回台就職、又陰錯陽差以上班族身分，在東京展開新人生之後。當時對職場文化的不適應讓我身心俱疲，恰好就在快要撐不住的時候遇上了櫻花盛開，雖然也不是第一次賞櫻了，卻第一次感受到美景所能帶來的力量有多巨大。

當我想像其他旅人來到日本、來到東京賞櫻，或許也會獲得如我所體會到的悸動與療癒時，我便開始默默希望每個人都能如願以償，而我也想盡我所能，幫助大家減少撲空、錯過的風險。

不過我開始追櫻，其實也是這幾年的事情而已，雖然走訪了不少地方，讓我能夠統整、撰寫出這本書，但我自認對櫻花的知識還不夠多，本書的內容也或許會有不夠客觀的地方，這部分我虛心受教，只希望大家能夠知道，我的出發點源自於「讓每一個想賞櫻的人都能看到滿開櫻花」的心情。

本書中，我很強調每一個我拿出來分享的櫻花「品種名」，不管是寒緋櫻、陽光櫻、還是八重櫻。提起它們並不是要塑造我很專業的形象，只是想帶大家跳離「櫻花」這個大圈圈，去認識更多擁有不同外型及花期的櫻花。

希望這本書中的內容及景點資訊，能讓大家對櫻花有不一樣的認識，並讓各位不管來早來晚，都能欣賞到滿開的櫻花！

最後，感謝我在台灣的家人，尤其是總在背後默默關心我的父親及母親；感謝我的老公一直無私地支持、鼓勵我堅持下去；感謝編輯主任焙宜及編輯湘惟提供的專業協助。

當然也要感謝拿起這本書的你，以及感謝寫下這本書的我。期待哪一天，我們會在櫻花樹下擦肩而過。

瓶顆

旅居東京多年，深深著迷日本的四季分明，足跡遍布日本，喜歡以照片及影片記錄那些倏忽即逝的光景，並時不時地透過社群媒體分享我的感動。

在季節花草植物當中，尤為喜愛櫻花，每年的初春到初夏，不是在賞櫻、就是在賞櫻的路上。除了主流景點，也堅持挖掘還不那麼為人所知、比較小眾的櫻花景點。

[f] 瓶顆旅居日本中
[○] @yunique.cc
[▶] 瓶顆旅居日本中
[Blog] yunique.cc

如何使用本書

精彩專題

　　關於東京賞櫻的注意事項、必做清單以及攝影建議等，讓你的賞櫻之旅一路順暢。

分區導覽

　　本書介紹東京熱門區域的櫻花，也另外推薦東京 23 區外的景點，就是要給你滿滿的櫻花！

實用資訊專欄

　　來到東京賞櫻就是要拍下美美的照片，本書特別推薦該景點適合拍照的時間或角度，你就是社群上的人氣王！

| Tips | 推薦拍照時間或角度 |

8 樓展望台可以欣賞寶藏門前的熱鬧景象　　8 樓展望台另一個的風景

淺草文化觀光中心 8 樓展望台

在前往淺草寺觀光、賞櫻前，推薦可以先到對面的淺草文化觀光中心 8 樓的免費展望台看看，在那裡可以用老鷹的視角，欣賞寶藏門前的染井吉野櫻、仲見世商店街上摩肩接踵的熱鬧風景，以及壯觀的東京晴空塔。可能是由上往下望的關係，盛開的染井吉野櫻看上去就像是一團毛茸茸的棉花，非常可愛。

在北海道賞櫻，要吃成吉思汗烤肉

　　這個當作一個豆知識補充給大家！北海道的民眾在賞櫻時，會在櫻花樹下吃成吉思汗烤肉！我是看到住在北海道的台灣網友的分享，才知道了這個特殊的習慣。我很好奇它的起源，因此在網路上看到北海道有一個節目叫《福永偵探社》，曾去探究為什麼北海道會有這樣的文化。根據節目組的調查，這個習慣源於一間知名的烤羊肉老店「松尾成吉思汗（松尾ジンギスカン）」，據說它在剛創業時，曾為了要推銷自家的烤羊肉，而在聚集許多賞櫻民眾的瀧川公園舉辦試吃活動，由於大受好評，一面賞櫻一面品嘗成吉思汗烤肉的模式，便慢慢席捲整個北海道，如今，更已進化成北海道賞櫻時節不可或缺的一大活動。

內文資訊符號

👍 觀光、交通便利程度（滿分 5）

📍 地址

🕐 營業、開放時間

💲 價格、費用

🚈 交通

▦ 網址 QR Code

| Google Map | MRXP+R5 江東區 |

請至 Google Map 搜尋

| 3月上旬 | 中旬 | 下旬 |

阿龜櫻

🚶 ★★★★★　📷 ★★★★★

🚶 適合賞櫻散步程度（滿分 5）

📷 適合拍照打卡程度（滿分 5）

臺灣太雅出版
編輯室提醒

出發前,請再次確認營業資訊

　　每一個城市都是有生命的,會隨著時間不斷成長,「改變」於是成為不可避免的常態。本書的作者與編輯已盡力讓書中呈現最新的資訊,然而或因流行性傳染病疫情,商家可能歇業或調整營業時間,也可能店家為提供顧客更合適的服務地點,常有遷移店面的現象。格外提醒讀者在出發前,可透過店名至網路搜尋,或洽詢其臉書、IG 等官方粉絲專頁,確認營業現況再前往探訪體驗。

新版與舊版

　　太雅旅遊書中銷售穩定的書籍,會不斷修訂再版,修訂時,還區隔紙本與網路資訊的特性,在知識性、消費性、實用性、體驗性做不同比例的調整,太雅編輯部會不斷更新我們的策略,並在此園地說明。邀請讀者也可以追蹤太雅 IG 跟上我們改變的腳步。

taiya.travel.club

櫻花花期資訊,請先善用賞櫻工具查詢

　　本書作者所提供的景點、櫻花花期等資訊,是作者個人經歷或採訪獲得的資訊,本書作者盡力提供準確且有豐富經驗值的賞櫻資訊,然而,櫻花花期及盛開程度受天氣、氣候影響,皆有可能有所變動,因此安排賞櫻行程時,請預先使用書中所介紹的工具查詢所到景點之花期,並對「櫻花滿開」保持開放的心胸。因時因地因氣候,可能會與作者的經驗分享不同,這也是旅行的特質。

謝謝眾多讀者的來信

　　過去太雅旅遊書,透過非常多讀者的來信,得知更多的資訊,甚至幫忙修訂,非常感謝大家的熱心與愛好旅遊的熱情。歡迎讀者將所知道的變動訊息,善用我們的「線上回函」或直接寄到 taiya@morningstar.com.tw,讓華文旅遊者在世界成為彼此的幫助。

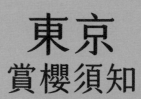

CHAPTER 1

東京
賞櫻須知

想要擁有一趟開開心心的東京賞櫻旅行嗎？你需要的不僅僅是猜中花期的運氣，有些訣竅、文化、知識、注意事項若能提早掌握，就有越高的機會欣賞到美麗的櫻花！這個章節，針對來到東京賞櫻需要知道的各種事項，與大家分享我的所見所聞及經驗心得。

埼玉縣

奥多摩町

青梅市

瑞穂町

羽村市

日之出町

武藏村山市

東

福生市

立川市

檜原村

秋留野市

昭島市

八王子市

日野市

山梨縣

高尾山

神奈川縣

埼玉縣

清瀬市

東村山市

東久留米市

市

板橋區 北區 足立區

練馬區

葛飾區

小平市

西東京市

荒川區

國分寺市

武藏野市

日暮里

葛飾區

立市

小金井市

三鷹市

杉並區

中野區

豐島區
大塚、池袋

文京區

台東區

墨田區

江戶川區

新宿區

上野

駒込

淺草

千代田區

秋葉原

府中市

調布市

世田谷區

澁谷區

飯田橋

中央區

江東區

稻城市

狛江市

日本橋、銀座

港區

赤坂、溜池山王、六本木

多摩市

目黑區

東京鐵塔

台場

丁田市

品川區

13

千葉縣

神奈川縣

大田區

羽田機場

東京灣

橫濱

賞櫻沒有想像中困難！

2個行前注意事項

走訪日本全國櫻花景點

會撰寫這本書，最大的目的就是「增加大家到東京賞櫻看到滿開櫻花的機會」，並打破「到東京賞櫻就要買 3 月底到 4 月初機票」的既定印象。其次就是帶各位認識更多不同品種的櫻花，並介紹一些主流景點之外，我認為也很值得前往的在地景點。

會有這樣的想法，主要是我在網路上分享櫻花情報多年，在分享早開櫻的資訊時，常常會收到網友語帶驚恐的留言，像是「櫻花現在就開了？那我去東京還看什麼（哭）」這樣的內容。希望大家在看完這本書之後，會知道賞櫻雖然不簡單，卻也沒有那麼困難！

這樣做，
看到滿開
櫻花！

首先，大家需要知道的是，一般我們說的賞「櫻」，這個櫻指的是一種名叫「染井吉野櫻」、也是日本種植面積最廣的品種，因此日本會對它進行開花預測，幫助大家規畫賞櫻之旅。染井吉野櫻在東京的花期一般是 3 月底到 4 月初，是日本旅遊的巔峰時期，因此這個時候的機票也會相對貴一些。

不過，日本其實有好幾百種櫻花，甚至有在秋冬盛開的品種，差別就在於有沒有種植及有沒有被推廣。以東京來說，2 月到 4 月都有不錯的賞櫻景點，因此你的賞櫻旅行就多了兩種路線：

1. 錯開人氣時期

除了人氣時期，你也可以選擇 2 月底到 3 月中、4 月中到東京賞櫻，雖然這些時間的櫻花數量及規模比不上染井吉野櫻，但還是有很多獨具特色的地點。

2. 擁有替代方案

若來訪的時期，剛好有幾天染井吉野櫻還未完全盛開、或是已經走向尾聲不那麼漂亮了，就可以到開花時間接近、但相對來說稍微早或稍微晚的景點。

1. 2 月底到 3 月初盛開的河津櫻
2. 3 月初到 3 月中盛開的阿龜櫻
3. 早染井吉野櫻幾天盛開的雅櫻
4. 4 月初到 4 月中盛開的八重櫻

這樣排，行程最彈性！

交通方便的上野

雖然我前面寫了這麼多，告訴大家櫻花有好多品種、2 月到 4 月都有櫻花盛放，但平心而論，還是 3 月底到 4 月初的染井吉野櫻花期，最值得安排賞櫻旅行。但是，如果大家在規畫行程時，完全以染井吉野櫻為主去思考的話，屆時萬一沒有賭對時間，就會面臨只能到處去看花苞或殘花的情形。因此我會建議大家在計畫時，可以注意一下以下三點：

1. 收集景點比排行程更重要

我認為要看到滿開櫻花的最大關鍵，是行程的「彈性」，但要發揮彈性的優點，就是要收集很多候補名單，讓你能根據每天的狀況去安排，因此收集景點的功課就顯得非常重要。另外，大家在收集景點的時候，不能只專注在染井吉野櫻上面，也必須留意早開櫻、晚開櫻的情報（請見本書 Chapter 2），甚至是收集其他縣市的櫻花景點資訊，才會知道錯過花期能改去哪裡。

2. 出發前再來詳排確切行程

如果不管怎麼樣，都一定要排行程的話，推薦大家可以在出發前再排，因為這個時候也大概知道接下來的花況大概是什麼情況，就能從前面收集的眾多景點當中篩選出適合前往的地點。若想查詢個別景點的花況，Chapter 2 會分享。

3. 選一個交通方便的飯店

前面提到我認為要看到滿開櫻花，行程就要有足夠彈性，但如果飯店選在一個交通不方便的地點，會讓旅行想彈性也彈性不起來，因此就算不安排行程，也一定要好好訂飯店。個人最推薦的住宿地會是「上野周邊」，這個地段不管要到東京的何處賞櫻都不會太遠，若不小心必須更改行程，往北關東、北陸、東北追櫻花，上野也有新幹線可以搭，超級方便。

5

東京賞櫻為何受歡迎？
請看以下五大理由。

大東京賞櫻理由

日本從南到北都種有櫻花，每個都道府縣也有自己的賞櫻名所，雖然景點這麼多，我還是非常推薦大家第一次可以先來東京賞櫻！為什麼呢？我列出了五大理由給大家參考。

1 大眾交通運輸發達

東京作為日本最繁華的都市，它的公共交通系統非常完善且便利，選擇多樣而且覆蓋密度高，新幹線、電車、路面電車、高速巴士、公車、租賃腳踏車、計程車、水上巴士等，就算你不會開車，大部分的地方都有辦法輕鬆抵達，不少賞櫻地也位在大車站附近，像是上野恩賜公園、新宿御苑、代代木公園、隅田公園、目黑川等，都是距離車站非常近的東京賞櫻名所。

雖然對第一、二次來東京玩的旅人來說可能有點複雜，不過多預留點時間在搭車、轉車上，不確定時多詢問一下站務人員，就不會有太大的問題。

2 地理位置機動性高

　　櫻花會由南往北盛開的特性很方便大家調整行程,而東京的地理位置及交通建設,十分便於前往北關東、北陸或東北旅行。當你的賞櫻之旅來早了,可以改去本書所介紹的早開櫻景點,但如果來晚了,除了可以去同在東京的晚開櫻景點外,也能將行程改往北邊一點的縣,只要飯店的位置足夠方便,就算每天搭新幹線前往也不會很麻煩。因此選擇來東京賞櫻,就有多一層的保障。

3 觀光資源豐富

　　就算是賞櫻旅行,我想大家還是會想逛個藥妝店、商店街,也想吃些排隊美食、網美甜點,雖然東京不像京都那樣古色古香,但也保有滿溢昭和氛圍的老街道、傳統的神社寺院,在這裡更能搶先接觸世界上最新的潮流趨勢,都市面貌日新月異,在安排行程上絕對不缺地方去。

1

2

3

4
日本代表性地標所在地

賞櫻雖然賞的是櫻花，但它周圍的建築、景物也很重要！東京作為日本第一大都市，擁有能夠代表日本的東京鐵塔、東京晴空塔等世界著名地標，不少地點不僅能賞花，還能拍下櫻花圍繞這些地標的夢幻照片，作為旅行的紀念相當合適。

5
賞櫻方式多元

東京人潮多、資源豐富、交通方便，因此也發展出許多不同的賞櫻活動，雖然這些並非東京特有，但卻可以在此全部接觸到。不管是我們熟知的櫻花祭典、夜間點燈、野餐聚會，許多企業也會推出限定餐飲、商品，甚至是優惠，還有結合新科技打造互動藝術的賞櫻活動，神社寺院也會有櫻花圖樣的御守、御朱印等等，賞櫻的方式相當多元。

1. 東京晴空塔水族館
2. 到星巴克臻選東京烘焙工坊吃櫻花季限定餐飲
3. 東京晴空塔
4. 花期約在 4 月初到 4 月中 / 福島縣開成山大神宮
5. 花期在 4 月初到 4 月 20 日左右 / 富山縣朝日町舟川「春日四重奏」
6. 淺草搭人力車

日本人習慣在櫻花樹下聚會

3

這個章節著重日本人在櫻花季的特殊習慣及活動，若大家覺得新鮮，不妨可以嘗試看看唷！

個日本賞櫻文化

日本的賞櫻文化淵遠流長，有許多不同於台灣的習慣，俗話說入境隨俗，當我們來到人家的地盤旅遊，最好也要先了解一下日本人的習俗，好玩的可以嘗試體驗，被禁止的則盡力遵守，才不會在不知不覺當中，給當地人造成了麻煩，甚至留下不好的印象。

1 在櫻花樹下聚會、喝酒、野餐

記得我在橫濱留學時，就曾對車用道路旁的櫻花樹下，擠滿了席地而坐、專心吃著便當的日本人的景象留下深刻印象。經過多年我才知道，日本人賞櫻並不全然將焦點放在花身上，喝酒、用餐、社交、放空等等，都是日本人藉由賞櫻獲得的樂趣。

台灣比較沒有如日本這樣，以野餐的形式享受季節風景的習慣，不過我想當你看到櫻花樹下把酒言歡的

人們時，都會心生想在櫻花樹下野餐一次的想法。在櫻花樹下聚會，在日本是非常普遍的事情，所以野餐所需要的野餐墊、餐具等用品，基本上大創、Can ★ Do、Seria 等百日圓商店都有在販賣，有需要可以去看看。

2 賞櫻必吃經典美食

日本人很喜歡在櫻花樹下野餐，因此飲食是賞櫻活動的重要元素之一，以下就簡單分享 3 樣在日本文化當中，被視作與賞櫻有著密切關聯的食物。

三色糰子

說到日本的賞櫻點心，首先想到的就是三色糰子啦！它的顏色由上到下分別是粉色、白色、綠色，關於它的顏色組合及順序，有一種說法是它們演繹了櫻花開花到掉落的過程，粉色代表花苞、白色代表盛開、綠色則是花瓣掉落長出葉子的形象。除了這個解釋之外，坊間也流傳著其他說法，這裡分享的為其中之一，僅供各位參考。

為什麼賞櫻時會吃三色糰子呢？據說這與日本歷史上非常重要的人物「豐臣秀吉」息息相關，在他統一了天下之後，他曾在京都醍醐寺舉辦了盛大的賞櫻活動「醍醐花宴」，據傳三色糰子就是在那場盛宴中，被拿來招待客人的點心之一。

由於當時的糰子都是白色的，而且是沾著醬油吃，因此三色糰子令不少人驚豔，也就流傳了下來。若你也想在賞櫻的時候品嚐看看，可以到便利商店或超市購買，如果想吃得更講究一些，也可以到和菓子專門店去找找看。

三色糰子

櫻餅

　粉紅色的櫻餅，光是看著就很有春天的氛圍，也是日本人賞櫻時會吃的點心之一。日本的櫻餅有兩個種類，目前最廣為人知的是發源於關西的櫻餅，名稱是「道明寺櫻餅」，另一種則是起源於關東的「長命寺櫻餅」。

　雖然這兩種點心都被稱作櫻餅，但在製作上所使用的材料及工序不太一樣，因此吃起來也大相逕庭。關東風的「長命寺櫻餅」是用麵粉、糯米粉及砂糖，製作出薄薄的餅皮，再包入紅豆豆沙，最外層再裹上用鹽醃過的櫻花葉，它的口感很奇妙，質地有點像包子饅頭；關西風的「道明寺櫻餅」內餡也是紅豆沙，外面也會裹上櫻花葉，不過它的外皮使用道明寺粉加水去蒸，由於道明寺粉的原料是糯米，所以會保留 Q 彈的口感。

　這兩種櫻餅，關東風的誕生得比較早，它起源於隅田川附近的長命寺，一開始據說只是想解決隅田川櫻花樹落葉太多的問題，長命寺才開始利用這些葉子製作點心，但由於隅田川本身就是賞櫻名所，因此慢慢地關東風的長命寺櫻餅，就成為到隅田川賞櫻必吃的點心，後來它的名氣越來越大，關西的道明寺便以長命寺櫻餅為基礎，設計了新的櫻餅販賣，沒想到發展至今，反而是關西風的道明寺櫻餅廣為流傳，幾乎日本全境都是吃這款櫻餅。

道明寺櫻餅 (左) 與長命寺櫻餅 (右) 是賞櫻會吃的小點心。

賞花便當

賞花便當對日本人來說，是櫻花季的經典飲食之一，除了自己動手做之外，每年到了櫻花季，從便利商店、巷口超市、百貨公司美食街，到各式餐廳，都有機會買到賞花便當，可見它對日本人來說，擁有舉足輕重的地位。這個習慣，隨著賞花文化從貴族傳到武士、再從武士普及到平民百姓，而被深深嵌在日本人的日常生活中。

不過，怎麼樣的便當，才能被稱作賞花便當呢？有什麼固定的菜色嗎？根據我的觀察，日本人對賞花便當並沒有硬性的規定，不過他們從小在四季分明的環境長大，因此不管是親手做的還是外面販售的便當，都很重視呈現春天氛圍的這一點，除了會使用春季盛產的食材外，也會在餐點造型及裝飾上下工夫，例如花朵造型的飯卷、小熱狗、煎蛋，或是粉紅色的鹽漬櫻花等等，都是熱門的配菜。

未來大家若也想要買個便當在櫻花樹下品嘗，不妨可以多逛幾間店，找到喜歡的造型及菜色後再購買，畢竟，欣賞這些便當，也是一件大開眼界的事情囉！

賞櫻便當

3 有櫻花相伴的畢業照、入學照

日本的新學期、新人進公司等等，都是發生在 4 月，這個時期又恰好是日本大多數地區櫻花盛開到紛飛的時節，因此櫻花對日本人來說，總是陪伴著他們走向新的開始，擁有很重要的象徵意義。在這個時候出門賞花，經常會看到拿著畢業證書、或背著新書包穿著新制服的小朋友，與家人或同學一同在櫻花樹下拍照。

雖然台灣的入學時期是 9 月，作為新人出社會、進公司的時期，也不像日本有這麼硬性的規定，但若你也即將迎接新生活、新挑戰，不妨也可以在櫻花樹下，拍幾張照留念！

1. 穿著「袴」、手拿畢業證書的日本女孩
2. 背著書包拍攝紀念照的小學生

HEY! 在北海道賞櫻，要吃成吉思汗烤肉

這個當作一個豆知識補充給大家！北海道的民眾在賞櫻時，會在櫻花樹下吃成吉思汗烤肉！我是看到住在北海道的台灣網友的分享，才知道了這個特殊的習慣。我很好奇它的起源，因此在網路上看到北海道有一個節目叫《福永偵探社》，曾去探究為什麼北海道會有這樣的文化。根據節目組的調查，這個習慣

源於一間知名的烤羊肉老店「松尾成吉思汗 (松尾ジンギスカン)」，據說它在剛創業時，曾為了要推銷自家的烤羊肉，而在聚集許多賞櫻民眾的瀧川公園舉辦試吃活動，由於大受好評，一面賞櫻一面品嘗成吉思汗烤肉的模式，便慢慢席捲整個北海道，如今，更已進化成北海道賞櫻時節不可或缺的一大活動。

6

除了賞櫻外，還有五花八門的有趣活動可以一起嘗試！

個賞櫻必做清單

來 日本賞櫻，不單單只是看花、拍照這麼簡單，還會有五花八門的應景活動可以體驗，想要來場豐富又難忘的賞櫻旅行，以下項目別忘了嘗試看看！

1 划船、踩天鵝船、搭乘屋形船賞櫻

除了在陸地上賞櫻，換個視角從水面上欣賞也是一個不錯的選擇！東京也有不少景點提供這樣的體驗，不過要注意的是，這些都是櫻花季非常有人氣的活動，請做好需要排隊等待的心理準備，若想搭乘屋形船的話，最好提前預約比較保險喔！

2

穿和服在櫻花樹下拍照

穿和服早就是來日本旅行的人氣體驗項目之一，不過若能在櫻花盛開的時期穿上和服賞櫻，一定能留下更多美好的身影及回憶。東京有不少提供和服租借服務的店家，主要是集中在淺草一帶，由於那邊競爭相對激烈，便宜的相當便宜，也有不少有自己特色、收費相對高的店家，我的推薦寫在介紹淺草寺櫻花的篇章當中，有興趣可以參考 P.73。

另外，由於櫻花在日本象徵著新開始，許多日本人會在人生的某些階段，換上和服以櫻花為背景拍照留念，雖然台灣並沒有這樣的文化，不過若想為自己留下紀念，或是給自己一個分水嶺，激勵自己從今以後邁向新的階段，可以特別規畫租和服拍照的活動。

若你到訪時剛好年滿 20 歲，女性可以租借「振袖和服」、男性可以租借「袴」，若你剛好是大學畢業生，則可以租借「袴」(男大學生好像穿西裝的比較多，但也有人會穿袴)！

3

收集櫻花季限定御守或御朱印

東京有許多神社寺院，種有櫻花的地方也不少，雖然規模不一定很大，但與傳統建築兩相搭配下，也很有到訪的價值！特別是不少神社寺院會在櫻花季推出期間限定的御守或御朱印，有在收集這類小物的朋友絕對不能錯過。

4
在祭典攤販吃小吃

日本一年四季會舉辦不少祭典活動，在櫻花盛開的時節，有些公園、商店街，或是神社都會擺出小攤販，販賣一些日本特有的小吃，像是章魚燒、炒麵、烤糰子等等，有些東西雖然台灣也看得到，但調味上還是有差異，如果有什麼想嘗試的食物，一定要把握機會吃吃看喔！

1. 居木神社櫻花季限定御朱印
2. 阿佐谷神明宮枝垂櫻神結
3. 上野公園踩天鵝船
4. 上野公園弁天堂前小吃攤販
5. 櫻花杯子蛋糕
6. 櫻花季限定鬆餅
7. 三色糰子及櫻花飲料

4

5
品嘗櫻花季限定餐飲

每到櫻花季，街上大大小小的咖啡及餐廳，幾乎都會推出與櫻花有關的商品，有的甚至會重新布置室內空間，讓大家全方位感受櫻花帶來的浪漫氛圍。日本是一個相當注重細節的國家，每一年總是有超乎我想像的飲食或服務出現，若大家也有時間，不妨可以安排前往朝聖喔！

5

6

7

6 櫻花樹下夢幻野餐

講到賞花，我的腦海中浮現的是一邊散步、一邊欣賞周圍盛開花卉的情景，不過來到日本後，我驚訝地發現，在櫻花樹下聚會、用餐，好似已經寫入每位日本人的 DNA 中。正因為有這樣的習慣，所以不少賞櫻景點會開放民眾在園內野餐，雖然對於占位、帶酒、用火會有一些規定，不過只要小心遵守，身為外國人也能實際體驗日本人的野餐文化。

餐飲的部分，怕麻煩的朋友可以直接前往便利商店，除了購買炸物、熟食、便當、點心之外，通常還會有期間限定特別規畫的賞櫻專區食品；若想吃得再精緻一點，可以先到百貨公司美食街，或是心儀的甜點品牌逛逛，外帶品嘗也很棒。

日本人習慣在櫻花樹下聚會野餐

賞櫻
Check List

席地野餐版

品名	瓶顆的建議
☐ 野餐墊	
☐ 免洗碗筷	
☐ 垃圾袋	
☐ 濕紙巾、餐巾紙、酒精乾洗手	畢竟要用餐，手部的衛生非常重要，最後打掃時也派得上用場
☐ 大膠帶	若野餐的人數較多，大膠帶可以將幾張野餐墊固定在一起，占位時，也可以拿來將野餐墊固定在地上
☐ 筆	若要利用免洗碗筷，一枝能夠做記號的筆就非常重要，可以減少一個人使用多個杯碗或是拿錯餐具的狀況
☐ 防曬	雖然賞櫻的季節天氣還涼涼的，但晴朗時太陽還是很毒辣，仍可以要採取一些防曬措施
☐ 防蟲噴霧	野餐大多還是在草皮上、櫻花樹下進行，對蚊蟲比較敏感的人，請不要忘記帶上防蟲噴霧
☐ 賞花便當及飲料	野餐的重點當然就是餐飲啦！大家可以到百貨公司美食地下街購買賞花便當或是櫻花季限定甜品，帶到櫻花樹下和旅伴一同享用

輕鬆散步版

品名	瓶顆的建議
☐ 手機、相機	
☐ 小型腳架、自拍棒	這兩樣可以說是旅行中不可或缺的重要工具，但請大家在拿出來前，一定要先確認景點有無禁止使用的規定
☐ 塑膠袋、垃圾袋	由於不少賞櫻景點都會有小吃攤販，若大家在散步途中經不住誘惑，有塑膠袋也方便吃完後的垃圾整理

賞櫻這個一年一度的重大活動，有一些不成文的規定，以下將我知道的事項統整給大家參考。

4 個賞櫻注意事項

來日本旅行，習慣及行動上還是要入境隨俗，當個合格的旅人。日本是個注重團結及秩序的民族，在外的最高行動準則為「不給他人造成困擾」。

1 遵守每個櫻花景點的規定

這個項目算是比較基礎的事項，主要想提醒大家，雖然東京的櫻花景點很多都是免入場費、可以自由出入的公園，不過這並不代表這些地方沒有機構在管理，每個景點可能都有因應櫻花季，制定一套自己的賞櫻規定。

目前比較常見的禁止事項有：禁止占位舉辦宴會、禁止在樹下野餐、禁止用火、禁止帶酒及飲酒、禁止使用腳架或自拍棒等等。一般來說，園區的出入口大多會設置立牌，或是在官方網站對禁止事項進行公告，建議大家可以多留意。

2 不造成他人困擾

不亂丟垃圾、不大聲喧嘩、拍照時注意不要阻擋其他行人通行等等是基本的禮貌，另外我還有看過新宿御苑禁止遊客攜帶飛盤、各種球類、風箏、大型陽傘、帳篷等物品的規定，理由是有可能打到其他遊客，以及會破壞景觀。

雖然如新宿御苑那樣的規定比較不常見，不過從這裡我想大家也能感受到，日本社會極力在避免，會造成他人困擾的事情發生。

3 不要觸摸、拉扯、攀折櫻花樹

櫻花樹其實比我們想像得還要脆弱，可能有人覺得輕輕拉一下沒有關係，但如果一天有 10 個人都這樣拉一下，絕對會對櫻花樹造成傷害，而且如果不小心將樹枝折斷，一些不好的病菌會從斷枝侵入，嚴重的話會造成櫻花樹生病枯死。因此還請各位絕對不能因為要拍照，或是想讓小朋友近距離看，就將樹枝拉近自己，甚至是折樹枝和摘花。為了每一年都能享受春暖花開的櫻花美景，請一起守護櫻花樹的健康。

另外補充，大家偶爾會在樹下看到完整的櫻花掉滿地，其實那不一定是人為造成，很多時候是被綠鸚鵡等鳥類啄下來。不少旅人會撿那些花起來拍照，如果大家將照片上傳到社群平台，建議要註明你是撿地上的落花，而非自己去攀折，才不會引起不必要的誤會。

4 不爬樹、不坐樹根上

禁止這個行為的理由，大致和第三點一樣，就是容易對櫻花樹造成負擔及傷害。另外，據說櫻花樹的根很淺，若在太靠近樹幹的地方鋪野餐墊的話，會對樹造成不良的影響，因此若大家想在樹下賞櫻，選擇稍微遠離櫻花樹樹幹的地方會比較好。

3

這裡以相機為主、手機為輔跟大家分享我拍櫻花的心得。

個櫻花攝影建議

1 如何拍 ? 櫻花

與景點特色建築一同拍下 (埼玉密藏院)

「收集只有這裡才看得到的風景」

不管在哪拍都很類似的照片

與周圍建築物一起拍下

　　你會不會覺得，每次賞櫻都去了很多地方，但都拍了很多長得很像的照片呢？當然那些照片反映了我們對眼前景致的感動，但我會推薦大家在賞櫻時，可以觀察一下周遭有沒有特殊的地標或建築，喬幾個角度將它們一同拍下，能讓旅途的紀錄更加完整。

　　拍攝時若是將建築放進畫面，要特別注意水平線、垂直線，或左右對稱，若建築在畫面中太過傾斜，會讓照片看起來不平衡。想要掌握一個景點的特色，可以先上網搜尋該地的圖片，或是看社群媒體上的照片，簡單做些功課，減少到了現場卻忽略重點的機率。

調整光圈拍櫻花

大光圈：就是將相機的 f 值數字調小，這樣景深比較淺，背景散焦的效果會更好，就能拍下如圖 1 的效果，能將每種櫻花的特徵記錄下來。

小光圈：就是將相機的 f 值數字調大，這樣景深比較深，整個畫面的遠近物體都會相對清晰，不會有大光圈背景模糊、僅有主題清楚的狀況，因此若你想要拍下如圖 2 的滿滿櫻花，記得以小光圈拍攝。

使用 iPhone：可以使用人像模式，就能拍出圖 3 的效果，不過它的散焦是用程式算出來的，所以有些地方會不自然，大家可以多拍幾張，再留下比較自然的相片；也可以將畫面拉近，對焦在花朵上拍攝，這樣拍出來的效果如圖 4，雖然背景不是很模糊，但整體的呈現是自然的。

大光圈凸顯細節，
小光圈強調規模

1. f5.6．1/25s
2. f13．1/25s
3. iPhone 11 Pro
   望遠相機 (x2) / 人像模式
4. iPhone 11 Pro
   望遠相機 (x2)

模糊

2 如何拍夜櫻？

能使用腳架的情況

在數值設定上，以 ISO100 到 ISO400 為主（減低照片雜訊），光圈則設為適合拍風景的 f8 左右，快門則設定倒數計時，以減少相機振動的可能。

必須手持攝影的情況

由於很多東京夜櫻景點都禁止使用腳架，為了可以手持攝影，我比較常用的會是將 ISO 調高、光圈調大、秒數調得稍微快一點，這樣能減少照片模糊的狀況，顏色則以後製來修正。請見圖 1、2、3。

使用手機的情況

現在的手機都很厲害了，記得將閃光燈關掉，開啟夜拍模式或 HDR 模式，拍照時憋個氣、不搖晃就沒問題了。

1. ISO1250．f4.5．1/20s
   秒數比較短，拍起來比較暗
2. 減少模糊的機會，但可以靠修圖補正顏色
3. ISO1250．f4.5．1/6s
   秒數比較長，增加手震造成畫面模糊的機會

3 如何與櫻花合照?

站在枝幹與枝幹中間

　　這是多數人都喜歡的構圖，這裡可以給大家建議的是，拿相機、手機的人可以離被拍攝者遠一點，並將畫面拉近，再將鏡頭貼近櫻花(注意不要碰到)，以製造前散景，就能拍出如圖4的照片。若如圖5無前散景也不錯，只是比較沒有花團錦簇的感覺。

從遠處取景

　　我自己滿喜歡將人拍得比較小，以強調風景的壯觀，就像圖6一樣，我請拍攝者站得離我遠一些，再將畫面拉近才拍下這樣的畫面。

　　另外，除了請攝影的人站得遠一些再拉近畫面外，還可以再嘗試從低角度攝影，就能避開圖7的重重人潮，拍下圖8、圖9一般的滿天櫻花喔！

4. ISO125・70MM・f2.8・1/8000s
5. ISO125・28MM・f2.8・1/640s

10

為各位推薦我覺得首次東京賞櫻之旅，必訪的 10 大景點！

個首次追櫻必訪景點

由於大部分的賞櫻旅人都是瞄準 3 月底 4 月初盛開的染井吉野櫻而來，因此這裡所選的，都是染井吉野櫻的景點。不過如果你來的時間稍微早於或晚於它的最佳觀賞期，敬請前往本書介紹的早開櫻、晚開櫻景點喔！

代代木公園 P.164
野餐休憩好選擇

隅田公園 P.78
櫻花沿著隅田川兩岸盛放超壯觀

淺草寺 P.69
古色古香超好拍

上野公園 P.53
絕美櫻花隧道

新宿御苑 P.137
野餐聚會人氣地

目黑川 P.170
時髦又壯觀的必逛賞櫻地

東京中城 P.162
會舉辦帶有時尚大人感的活動

飛鳥山公園 P.86
將路面電車一同拍下是經典的攝影角度

中野街道 P.150
能拍下西武鐵道黃色的列車

神田川櫻花大道 P.142
宛若目黑川卻沒什麼人潮

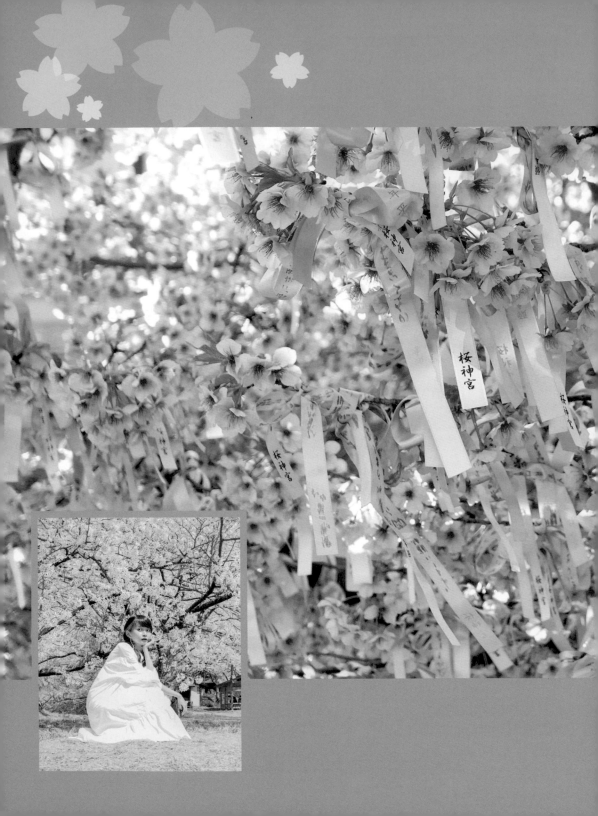

CHAPTER 2

櫻花品種與花期

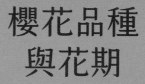

據說櫻花共有好幾百個品種，它們的花形、花期各不相同，究竟什麼時候能夠看到哪些櫻花？如何才能知道櫻花的開花情況？本章節介紹幾個東京常見的櫻花品種，並與各位分享我查詢花況的心得及技巧！幫助大家判斷何時是最佳的前往時機。

寒緋櫻　2月初到2月中（有些為3月中）

寒緋櫻又稱緋寒櫻，花瓣顏色是偏紫的深粉紅色，開花後花朵會面向地面，凋謝時會連同花萼整朵一起掉下來，非常特別。台灣及中國南部被認為是寒緋櫻的原產地，日本主要分布在沖繩及鹿兒島，不過由於這個品種稍微耐寒，所以較高緯度的關東也能生長。

12種櫻花品種與花期

河津櫻　2月底到3月初

河津櫻是著名早開櫻之一，1955 年在靜岡縣河津町發現，經過調查後，得知這是未登錄的新品種，才在 1974 年冠上地名命名為河津櫻。河津櫻的花瓣是明亮的粉紅色，葉子多在開花後才長出，所以盛開時整棵樹都是粉紅色，觀賞價值高，深受許多人的喜愛。

阿龜櫻　3月初到3月中

阿龜櫻是英國的園藝家以寒緋櫻及富士櫻（又稱豆櫻）配種出來的櫻花。日本以阿龜櫻聞名的景點不多，例如神奈川縣根府川、京都長德寺、大阪鶴見綠地及日本橋三越前繡球花街道。樹木不高、花朵小巧，花是桃粉紅色，花瓣細長且花朵向下盛放。

大寒櫻　<small>3月中到3月底</small>

　　大寒櫻的原木在埼玉縣川口市的安行，因此又被稱作安行寒櫻。它比染井吉野櫻要早一個禮拜左右開花，剛開的時候看起來比較白，盛開後會慢慢變粉，花朵的粉紅色比染井吉野櫻更明顯。除了本書介紹的幾個東京賞櫻地點，埼玉縣也有幾個大寒櫻景點值得造訪，例如北淺羽櫻堤、川口元鄉站外等等。

江戶彼岸櫻　<small>3月中到3月底</small>

　　江戶彼岸櫻是櫻花當中壽命最長的一種品種，日本很多著名的櫻花樹雖然有著不同的稱呼，但品種都是江戶彼岸櫻，像是岩手縣的盛岡石割櫻、山梨縣的山高神代櫻等等。它的花朵偏小，顏色為淡粉紅色，最大的特徵就是被絲托呈現壺形。另外，它也因是染井吉野櫻的母親而聞名。

高遠小彼岸　<small>3月底</small>

　　高遠小彼岸有「天下第一櫻」美稱，以品種來說屬於小彼岸櫻，「高遠」是長野縣伊那市的地名，來自小彼岸櫻的名所「高遠城址公園」。為了推廣，伊那市以高遠小彼岸這個名稱，向許多地方捐贈這種櫻花。它的花朵偏小，顏色為粉色，花期偏短，盛開後不久就會吹雪。

陽光櫻　　　3月底

　　陽光櫻是以天城吉野櫻及寒緋櫻交配而成的品種，它比染井吉野櫻再早一點點盛開，花朵比較大，顏色則是鮮豔的粉紅色，十分符合我對櫻花的印象。培育者將「世界和平」的願望寄託在陽光櫻上，並持續向海內外捐贈陽光櫻，以悼念他在二戰中失去性命的學生。

雅櫻　　　3月底

　　雅櫻是大島系山櫻跟寒緋櫻自然交配下的品種，所以有著寒緋櫻一般花是向下開的特徵，不過雅櫻的花瓣並不會瑟縮在一起，反而有非常清楚的輪廓，它的花色與寒緋櫻相似，是漂亮的深粉紅色。據說當初是為了記念當今天皇還是皇太子時的婚禮，而使用雅子妃的「雅」為此櫻花命名！

神代曙櫻　　　3月初到4月初

　　神代曙櫻是染井吉野櫻系的品種，原木在東京的神代植物公園，它的顏色比染井吉野櫻更濃，遠遠地看會覺得它的花叢呈現粉色漸層，非常特別。由於神代曙櫻不會得其他櫻花容易罹患的簇葉病，開花時期又與染井吉野櫻相近，因此目前許多景點都會以神代曙櫻，來替換染井吉野櫻的老木。

染井吉野櫻　3月底到4月初

　　這是日本種植面積最廣的櫻花品種，它採用嫁接的方式繁衍，所有個體的基因都相同，因此也會同時受氣候的影響綻放或凋謝，也才會有櫻花前線的預測報導出現。染井吉野櫻在剛開花時會帶點粉紅，盛開後則慢慢轉白，葉子是在滿開後期才會出現，觀賞價值高。但它的壽命比較短，且容易生病，因此慢慢地有以神代曙櫻替換的趨勢。

枝垂櫻 / 八重枝垂櫻　3月底到4月中

　　枝垂櫻並非單一櫻花品種的名稱，而是所有枝幹如柳樹般向下垂的櫻花的總稱，因此花期也無法一概而論，要視每個地方的枝垂櫻的具體品種，才會知道什麼時候是最佳觀賞期。不過本書所介紹的枝垂櫻，大致上都早染井吉野櫻一週開花。若是重瓣的枝垂櫻 (也就是八重系列)，則會比染井吉野櫻晚開花。

八重櫻　4月初到4月底

　　八重櫻也不是單一櫻花品種的名稱，而是所有花瓣多於 5 瓣的重瓣櫻花的總稱，在這當中，花瓣多於 100 片的品種又被稱作菊櫻。八重櫻的品種眾多，花期也無法一概而論，有些品種會與染井吉野櫻稍微重疊，但大致上的花況會比染井吉野櫻要晚一到兩週。它的花瓣比較多，常常給人一種華美的印象，賞花期間也比較長。

5

以下分享的 5 個工具，可以進一步得知櫻花滿開情況。

個工具得知花開狀況

想要看到盛開的櫻花，除了運氣要好之外，更需要多方面的情報去輔助我們判斷，包括機票日期應該訂在哪一個區間？實際抵達後該先去哪一個景點？雖然前面針對幾種東京看得到的櫻花品種，統整了大致的花期供參考，不過植物的生長狀況受到天氣的影響，如果不巧碰上氣候異常，導致該年初春特別冷或特別熱，開花狀況就會大幅延遲或提早。

1
櫻花開花
預測網站

使用時機：
來日本前安排行程時

　　這裡列舉的 4 個網站，都是針對在日本種植面積達 8 成的染井吉野櫻，所做的開花時間預測，它們的內容都差不多，各位可以選自己喜歡的參考。大家在規畫賞櫻旅行時，可以到這些網站看它們預測的開花日期，進而推敲出大致的滿開日，以決定機票的日程。這些網站每年約從 1 月底開始公告各自的預測結果，並會持續更新資料直到櫻花季結束。

請注意！它們預測的是「開花」，而非「滿開」，且 4 個網站都是預測染井吉野櫻的開花日，所以大家在估算滿開日時，請記得再加上 7 天。在看報導或是社群媒體的轉貼文時，也一定要看清楚圖表或文字究竟是寫「開花」還是「滿開」，才不會因誤會而買錯機票時間。另外，滿開後的染井吉野櫻，觀賞期約為一週。

Weather Map

以日本全境地圖及表格，統整幾個大城市的預估開花日及滿開日，非常淺顯易懂。

日本氣象協會

以表格統整日本幾個主要城市及景點的預估開花日，內容比較精簡。

日本氣象株式會社

以日本全境地圖及表格，統整日本幾個大城市的預估開花日及滿開日，並在最後統整當年度各地的開花傾向。

Weathernews

主要以日本全境地圖表示各地櫻花的預估開花日，每一次的更新會有更加深入的櫻花花況重點報導，看得懂日文的話，能獲得更深入的資訊。

一定要知道的三個日文名詞

　　在查詢上述的網站前，想介紹三個日文名詞給各位，你一定要了解它們的正確意思，才不會訂錯機票時間唷！

標本木 (ひょうほんぼく)　日本氣象廳為觀測植物的開花日等狀態，所指定的特定草木。東京染井吉野櫻的標本木，位在靖國神社境內，每年只要染井吉野櫻快要開花，許多媒體記者都會到靖國神社轉播標本木的狀況。

開花 (かいか)　指標本木開了 5 到 6 朵花後的狀況。

滿開 (まんかい)　指標本木開了 7 成到 8 成的狀況。

2 官方網站或官方直播

使用時機：
抵達日本後

若各位要去的櫻花景點，是如靜岡縣河津櫻祭、東京都新宿御苑這樣著名的地方，該活動或設施的官方網站及社群媒體平台上，就有很大機率會在櫻花開花前後，以照片或直播影片的方式進行花況報導，有些甚至會每天更新，這些照片及影像非常有參考價值，在實際前往前，推薦大家一定要查詢一下。

3 社群媒體 Hashtag

使用時機：
抵達日本後

如果你計畫要去的地方，沒有在官方網站或官方社群媒體進行花況報導，或是本書當中提及或未提及的小眾景點，就特別適合利用 Hashtag「#」過濾 X（舊 Twitter）或 Instagram 上的貼文，透過觀察當地人的分享，去推測該地最近的花況。

由於 Hashtag 有分類及幫助貼文在社交媒體上曝光的功能，因此許多習慣分享的人，都會在發文時加上與照片相關的詞彙作為 Hashtag，因此我們能利用這個特性，去找尋需要的花況資訊。不過，以下有幾個需要注意的事項及建議。只要經過這些步驟，多少能掌握一個地方的花況，除非你要去的地方非常沒有名氣，那就只能從櫻花品種去推敲它是否盛開。

使用社群媒體查詢花況的注意事項

1. 若你不諳日文，建議以電腦版 X（舊 Twitter）或 Instagram 進行搜尋，這樣操作起來會比用手機或平板方便許多。

2. 請以日文或羅馬拼音的地標名、設施名、活動名、品種名下去過濾貼文，雖然繁體中文的漢字與日文相似，但其實不少字的寫法有些微差距，如此就會影響搜尋結果。不會日文也沒關係，這些名稱可以利用 Google 搜尋得到，再複製名稱到 X 或 Instagram 查詢。

3. 請勿單看照片很漂亮，就認為目前現場就是這麼美麗，因為有些人會發表以前所拍的作品，請務必閱讀貼文內容以判別拍攝時間。

4. 選擇觀看「最新」貼文而非人氣貼文。
   ※Instagram 目前部分 Hashtag 無法按發布時間查看照片，參考價值降低

5. 想確認拍攝時間但看不懂日文的話，可以直接複製 X 或 Instagram 的貼文到 Google Translate 翻譯。

6. 並非所有貼文都能判定拍攝時間，無法得知是什麼時候拍的照片可以直接忽略，留言詢問貼文者通常也不會獲得回覆。

4 景點花況查詢網站

使用時機：
來日本前安排行程時、
抵達日本後

除了預測櫻花什麼時候會開花的網站之外，日本也有統整賞櫻景點資訊及即時花況的網站，在櫻花還沒有開始開的時候，大家可以先在上面將想去的景點全部記下來，來到日本後，再一個一個去看它們的即時花況，以判斷是否適合前往。

Walkerplus
收集了日本全國 1,200 多個櫻花景點之外，在景點的分類上也比較豐富，可以針對櫻花品種、是否有夜櫻、距離車站近不近、最佳觀賞期月分進行搜尋。

さくら Ch.
羅列了日本全國 1,000 多個櫻花景點，提供花況及景點基本資訊，並在天氣預報提供每小時、每 3 小時及一週的預測，不過在分類搜尋部分，就沒有做得非常細。

5 臉書社團

使用時機：
來日本前安排行程時、
抵達日本後

台灣的 Facebook 有不少和日本旅行相關的社團，很多人會在上面分享旅遊資訊或心得，櫻花季時，也會有不少團友即時分享他去的地方的照片，如果有看到不錯的景點，也可以安排在之後的行程中前往。以下提供幾個大型且活躍的社團供各位參考，不過請各位在加入前，一定要詳細確認每個社團的規定，才能夠在裡面與其他喜愛日本的人一同交流，例如有些社團會不歡迎團友在貼文中添加自己的社群媒體、分享照片時禁止過短的文字，或是一定要寫到地點等等，都請留意。

日本＆東京
自由行 go

日本自助旅行！
你也行

走吧！來去日本
旅遊、自由行！

GO! GO! JAPAN!
來去日本玩

東京櫻花開花表

2月

上旬	中旬	下旬

寒緋櫻

河津櫻

3月　　4月

| 上旬 | 中旬 | 下旬 | 上旬 | 中旬 | 下旬 |

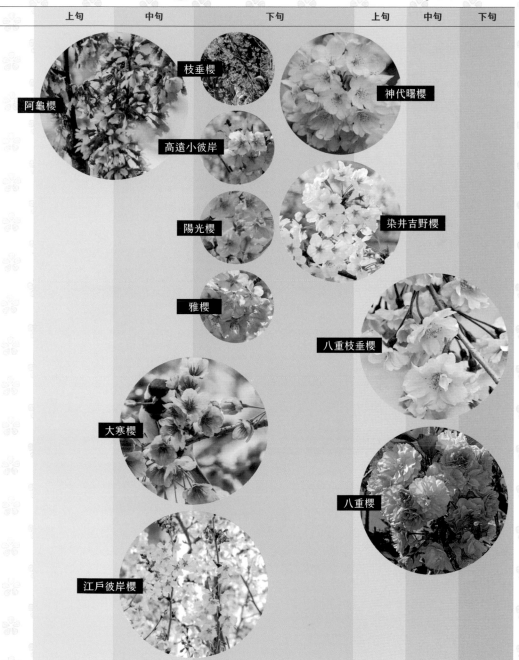

阿龜櫻

枝垂櫻

高遠小彼岸

神代曙櫻

陽光櫻

染井吉野櫻

雅櫻

八重枝垂櫻

大寒櫻

八重櫻

江戶彼岸櫻

CHAPTER 3

東京
櫻花之旅

提到東京的櫻花季，大家最熟悉的就是3月底4月初溫柔的粉白染井吉野櫻了，本章除了介紹風靡海內外愛花人士的染井吉野櫻景點外，更帶你深入了解在它之前及之後盛開的櫻花景點，讓你的旅行能有更多機會觀賞滿開的櫻花美景。

上野及周邊

觀光：★★★★★　　交通：★★★★★

東京都台東區上野公園‧池之端三丁目

5:00 ～ 23:00

免費

JR、東京地下鐵銀座線或日比谷線「上野站」下車步行 2 分鐘；
京成本線「京成上野站」步行 1 分鐘

1. 早上 8:00 就有很多人占好位子
2. 櫻花樹下開心聚會的人們

上野恩賜公園及不忍池
追櫻旅人必訪景點

　　歷史悠久的上野恩賜公園，是東京最早被指定為公園的 5 座公園之一，位置鄰近車站，交通非常方便，再加上公園內有許多設施，像是上野動物園、東京國立博物館、國立西洋美術館、國立科學博物館、上野東照宮等等，除了散步外也很適合觀光，具有多種機能，說它是初次到東京旅行必訪的景點之一，絕對當之無愧。

　　上野恩賜公園也是遠近馳名的賞櫻名所，園內的櫻花約有 50 個品種，其中又以「染井吉野櫻」為大宗，盛開時非常夢幻，總是吸引大批人潮前來朝聖。在疫情前，上野恩賜公園會開放特定區域，讓民眾在櫻花樹下鋪塑膠墊聚餐、賞花，因此在公園內散步時，常常也能目睹日本人獨特的賞櫻風景，像是被派去占位子、孤零零坐在墊子上等前輩下班的新入社員的身影，或是已經喝酒喝到忘我、和同行友人玩得不亦樂乎的小團體等。

	3月 上旬	中旬	下旬	4月 上旬	中旬	下旬
大寒櫻 🚶 ⭐⭐ 📷 ⭐⭐						
枝垂櫻 🚶 ⭐⭐ 📷 ⭐⭐						
染井吉野櫻 🚶 ⭐⭐⭐⭐⭐ 📷 ⭐⭐⭐⭐⭐						
八重櫻 🚶 ⭐⭐⭐ 📷 ⭐⭐						

HEY!

占位賞櫻的注意事項

近年由於疫情的緣故，目前已經不開放在櫻花樹下聚會。然而未來還是有可能重新開放，因此這裡統整過去的規定給讀者參考。

1. 上野恩賜公園不開放使用桌子、椅子、帳篷等物品占位，僅接受野餐用的塑膠墊，因此請一定要事先準備好，且大小一定要夠坐，如果手邊沒有，請提前到 DAISO 大創百貨等百日元商店購買。

2. 若有時間、有心力，可以在前幾天先到現場場勘，決定要搶哪些位置，當天占位時才不會因為猶豫而錯失好地點。

3. 請在早上 5:00 前到入口等候（上野恩賜公園 23:00 到隔天的 5:00 禁止進入），開門後就可以直衝心儀的位置，將塑膠墊鋪好、確定自己的領土後，

占位時記得位置上一定要留一個人

就可以開始賞櫻啦！

4. 占好的空間一定要有人在上面顧，若保全發現沒有人的墊子，會直接撤走。如果你的旅伴之後才會過來會合，請至少再找一個人一起顧，才能輪流去上廁所。

5. 最後提醒各位，在上野恩賜公園賞櫻，禁止攜帶如瓦斯爐這種可生火的用具，想用餐的話，推薦可以在上野站附近的便利商店、百貨公司、飲食店，或是阿美橫丁買好後再帶過來。

各式各樣櫻花品種

　　可能有人會覺得，賞櫻推薦上野恩賜公園太老套，不過我覺得這裡不管是交通便利性還是內容豐富性都非常優秀。而且園內的櫻花品種眾多，就算沒有碰上染井吉野櫻的最佳觀賞期，多多少少還是能在公園內看到漂亮的櫻花，這一點就是我推薦上野恩賜公園的最大理由！介紹幾種在公園內看得到的櫻花，各位可以視到訪時期做行程上的調整。

1. 上野恩賜公園的賞櫻人潮
2. 上野恩賜公園前的兩棵大寒櫻之一

大寒櫻　　3月中到3月底

　　上野恩賜公園門口兩側各種了一棵大寒櫻，這種櫻花比染井吉野櫻要早一個星期左右開花，它的花色較粉紅，位置又在門口，因此相當有存在感。當它盛開時，公園內的染井吉野櫻還是含苞待放的狀態，因此這兩棵大寒櫻，就成為早來遊客的最佳賞櫻打卡地。

　　不過，在社群媒體發達的現在，這兩棵大寒櫻也常常造成將要前來東京賞櫻旅客的恐慌，因為大部分的人都不知道它們屬於較早開花的品種，每當有人在社群上貼出上野恩賜公園門口滿開的櫻花照，很多人便會以為所有的櫻花都盛開了，而開始擔心是否自己抵達時櫻花早已掉光。其實大家完全不需要緊張，因為如前所述，櫻花有很多不同的品種，會在不同的時期盛開。

枝垂櫻 3月底

　　刻有上野恩賜公園 6 個大字的橢圓石碑後面，種有一棵枝垂櫻，它也是比較早開的品種，通常會在大寒櫻之後、染井吉野櫻前盛開，觀賞期也與它們各有一些重疊。它的花朵稍微小一些，花瓣尖端的顏色比較濃，有微微的漸層，很是嬌俏可愛。

1. 上野恩賜公園美麗的枝垂櫻
2. 枝垂櫻小巧的花朵

Tips
推薦拍照時間或角度

走進樹枝後面，可以拍下花團錦簇的畫面

　　這棵枝垂櫻的高度，非常適合和它拍張紀念照！再加上枝垂櫻的枝幹如柳樹般向地面垂下，因此只要走到枝幹後方，就能拍下花團錦簇的畫面。不過還請大家拍照時，一定要注意不要撞到枝幹，更不能拉扯樹枝及櫻花喔！

染井吉野櫻　3月底到4月初

　　在染井吉野櫻盛開時，上野恩賜公園的人潮也來到巔峰，這個時期絕對不能錯過兩旁綿延約 400 公尺的櫻花大道，以及不忍池池畔的春日盛景。不忍池弁天堂前參道兩側還有許多攤販，販賣富有祭典風情的小吃，有時間排隊的話，很推薦各位可以體驗一下！

　　另外，遊客也可以在不忍池踩天鵝船，以不同角度欣賞櫻花的美景。不過，日本有一個有名的都市傳說，就是情侶如果一起踩天鵝船，就會遭弁天神嫉妒而導致分手，雖然如此，每年還是會看到許多情侶一同乘坐天鵝船。如果是你，會和另一半一同體驗嗎？

八重櫻　4月初到4月中

　　在染井吉野櫻花季進入尾聲後，上野恩賜公園還是有一些不同品種的櫻花可以欣賞，像是關山櫻、紅豐櫻、一葉櫻、鬱金櫻等八重櫻，所以就算來得晚，還是很推薦到上野恩賜公園走走。八重櫻的分布狀況比較分散，我會推薦大家直接到不忍池散步，有時間再到處看看。

3. 不忍池櫻花美景
4. 不忍池弁天堂
5,6. 上野恩賜公園晚開的八重櫻

建議順遊
阿美橫丁
淺草
秋葉原

👍 觀光：🌸🌸　交通：🌸🌸🌸
📍 東京都荒川區南千住八丁目
🕐 24 小時
💲 免費
🚇 東武晴空塔線「牛田站」步行
　 11 分鐘；JR、東京地下鐵日比
　 谷線、筑波特快線「南千住站」
　 步行 12 分鐘
▦ [QR code]

汐入公園
闔家適宜，日常感小眾賞櫻點

　　汐入公園只有 10 幾年的歷史，是東京都內比較新的公園，這裡沒有什麼觀光感，遛狗、慢跑、散步、野餐等美好日常，都發生在這塊綠地上，很貼近東京都民的生活。汐入公園園內種了很多花草樹木，其中也有很多不同品種的櫻花，根據現場的立牌，這裡共有 30 多種、近 300 多棵的櫻花樹，當中又以比較早開的品種為多，從 2 月底開始就有櫻花陸續盛開。我個人覺得以下三種族群，特別適合來汐入公園賞櫻：

適合 賞櫻散步 & IG打卡

	2月 下旬	3月 上旬	中旬	下旬	4月 上旬	中旬
河津櫻	🚶 ★★ 📷 ★★★★★					
染井吉野櫻				🚶 ★★★★★		📷 ★★★
大寒櫻			🚶 ★★★★★ 📷 ★★★★			
陽光櫻				🚶 ★★★ 📷 ★★★★		

1. 機票買比較早、不會碰上染井吉野櫻花期的人

若你來東京旅行的時間，染井吉野櫻仍光禿禿一片或還滿是花苞的話，非常推薦你可以果斷前往汐入公園！這裡的早櫻有河津櫻、大寒櫻、陽光櫻等，由於後面兩種櫻花比染井吉野櫻早一些盛開，所以在染井吉野櫻還不漂亮的時候，來到汐入公園就能享受滿開櫻花的景色。

2. 喜歡偏小眾景點、體驗生活日常的人

雖然汐入公園的歷史比較短，但它被住宅區圍繞，在當地居民的生活中扮演重要的角色，不僅能享受悠閒氣氛，也能一窺東京都民的日常生活。若你喜歡這種深入當地、還未被觀光客淹沒的地方，在此文提及的幾種櫻花的花期中，就非常推薦你到這邊賞櫻。

另外，如果你想體驗看看在櫻花樹下野餐的感覺，那麼汐入公園也會是一個不錯的選擇！因為汐入公園附近的南千住站有超市也有 DAISO 大創百貨，野餐墊、輕食、飲料等等都買得到。

在汐入公園大寒櫻底下野餐的小家庭

| Google Map | 三德 南千住店 | Google Map | The Daiso Lala Terrace Minamisenju Shop |

1

3. 帶小朋友一起旅行的人

汐入公園除了種有多種櫻花外，園內還有廣大的草地可以跑跳，更有大型遊樂設施 Twin Tower 及小型的溜滑梯可以免費使用，大人欣賞完櫻花盛開的春日絕景後，就可以讓小朋友在這些地方自由玩耍。園內也有設置親子友善的廁所，不僅能推著娃娃車進入，也有設置換尿布的空間及小朋友專用的馬桶。

汐入公園 4 種櫻花介紹

以下讓我介紹汐入公園主要的幾種櫻花的特色以及位置，各位一定要特別留意櫻花的位置，因為汐入公園緊貼著隅田川呈現「コ」的形狀，這些

櫻花也各自分布在不同的區域，若僅僅是依靠 Google Map 去搜尋汐入公園，會很容易找不到櫻花。

河津櫻　2月底到3月初

汐入公園的河津櫻只有個位數棵，規模很小，以賞櫻的角度來說不太足夠，但以拍照打卡的面向來說，它的視野及角度很棒，能夠拍到東京晴空塔與河津櫻同框的照片，再加上這裡的河津櫻還不是那麼高大，因此還有機會近距離觀察來吃花蜜的綠繡眼。

這些河津櫻從前面提到的遊樂設施

1. 汐入公園的大型遊樂設施 Twin Tower
2. 汐入公園的兩棵河津櫻
3. 河津櫻與東京晴空塔
4. 汐入公園

Twin Tower(位在汐入公園遊具場)，往晴空塔方向看就能找到。

Google Map PRQ7+227 荒川區

大寒櫻　3月中到3月底

　　雖然不知道汐入公園的大寒櫻確切有幾棵，不過它們種得很集中，盛開起來非常壯觀，不管是想賞櫻還是想拍照都很合適！而且大寒櫻的生長狀況比染井吉野櫻快約一個星期，因此原先打算要看染井吉野櫻卻不小心來早了的旅人，不用遲疑，請直接瞄準有大寒櫻的景點前往。特別是如果你在行程中安排了上野恩賜公園，但到了現場卻發現只有門口兩側的兩棵櫻花樹盛開，後方的染井吉野櫻大道仍滿是花苞時，推薦馬上過來汐入公園，因為它們兩者的櫻花品種是一樣的，而且也很順路，只要從上野站搭乘東京地下鐵日比谷線到南千住站下車，再步行 12 分鐘左右就能抵達。

其次也很推薦大家先去淺草的隅田公園，拍攝完大寒櫻圍繞東京晴空塔的照片後，再搭乘東京晴空塔線到牛田站下車，接著步行約 11 分鐘也能抵達。若各位採取後者的路線，途中會經過千住汐入大橋，在橋上欣賞汐入公園一整排的大寒櫻也是一絕！

Google Map PRR6+2MM 荒川區

陽光櫻　3月底

陽光櫻本身的顏色比大寒櫻更濃，花瓣大片、圓潤，是我很喜歡的一種櫻花。在東京，大約是在正式宣布染井吉野櫻「開花」後滿開，因此也很推薦大家在染井吉野櫻尚未盛開時，過來汐入公園看看陽光櫻，而且還有

不少角度，能將東京晴空塔與陽光櫻一起拍下。

Google Map PRQ7+J9M 荒川區

染井吉野櫻　3月底到4月初

汐入公園也有不少染井吉野櫻，一部分與大寒櫻種在一起，如果來得早，可以看到粉紅與粉白兩色交織的櫻花大道。另一部分的染井吉野櫻則在水神大橋與瑞光橋中間的區域。

Google Map PRR6+2MM 荒川區
Google Map PRP6+7Q 荒川區

1. 壯觀的大寒櫻
2. 汐入公園的陽光櫻
3. 傍晚的汐入公園

建議順遊
上野恩賜公園
阿美橫丁、淺草
秋葉原、東京晴空塔

日暮里

觀光：★★★★★　交通：★★★★★
東京都台東區谷中 7-5-24
24 小時
免費
JR、京成線「日暮里站」步行 6 分鐘

谷中靈園
碰碰運氣，也能找到櫻花愛心！

　　谷中靈園是一個公園化墓園，除了掃墓外，也具備公園的機能，雖然對我們來說可能會覺得有點怪怪的，但靈園的確是不少日本人會散步、慢跑的地方。而谷中靈園同時也是一個觀光景點，最大的理由我想是因為有不少日本家喻戶曉的名人安眠於此，像是德川幕府第 15 代將軍德川慶喜、前日本首相鳩山一郎，以及日本資本主義之父澀澤榮一等，其次就是谷中靈園內有一條美麗的櫻花大道。

3月 上旬	中旬	下旬	4月 上旬	中旬	下旬

染井吉野櫻 🚶★★★ 📷★★★

鬱金櫻 🚶★★ 📷★★

鬱金櫻　4月中

　　除了染井吉野櫻之外，靠近天王寺的那一側，有棵很特別的「鬱金櫻」，這是多瓣的八重櫻，比染井吉野櫻約晚兩週開花，它最大的特色就是黃綠色的花瓣，與我們對粉嫩櫻花的既定印象十分不同，因此有不少人對這樣的品種感興趣。江戶時代天王寺裡種了不少鬱金櫻，不過目前就只剩唯一的一棵，它的特殊性及稀少性，值得一看。如果你來東京時，染井吉野櫻的花季剛結束，推薦可以繞到谷中靈園欣賞這棵與眾不同的鬱金櫻。

1.剛盛開的鬱金櫻
　（攝於大阪造幣局）
2.盛開後期的鬱金櫻
　（攝於足立五色櫻散步道）

1
2

染井吉野櫻　3月底到4月初

　　谷中靈園的櫻花大道約250公尺長、兩側共種植約170棵染井吉野櫻，賞櫻季節總是十分熱鬧。我到訪時，走著走著覺得眼前有一個形狀越來越清晰，我便蹲了又站、站了又蹲地嘗試各種角度，最後讓我拍到了一顆櫻花愛心！雖然近年來的確有觀光地會刻意將樹枝修剪成愛心狀，讓遊客能拍下特別的照片，不過我總覺得那次在谷中靈園看到的是自然形成的，不確定之後這個櫻花愛心還會不會出現，可以留意看看，或許你也能找到這顆隱藏版的愛心喔！

染井吉野櫻圍成一顆櫻花愛心

谷中靈園賞櫻注意事項

　　據說以前在櫻花季的時候，谷中靈園的櫻花樹下總是擠滿了野餐、聚會的人，不過因為有些人不守規矩，不僅造成當地的困擾，更讓人覺得對安葬在靈園內的亡者不敬，因而在幾年前開始全面禁止聚會等活動，所以現在大家若要到谷中靈園賞櫻，都是一邊散步一邊欣賞。另外，這條道路同時也是車道，因此偶爾會有車子開進來，所以大家在看櫻花的同時，也要注意安全。

建議順遊
谷中銀座商店街
纖維街、上野
成田機場

1

2

3

4

足立五色櫻散步道
散步蒐集少見櫻花品種

足立五色櫻散步道（あだち五色桜の散步みち）是荒川沿岸的櫻花景點之一，雖然交通不太方便，但這裡以晚開的八重櫻為主，種了很多其他景點少見的櫻花品種，特別推薦自認為是櫻花控的朋友到訪。散步道的視野非常地好，人也不多，廣闊的天空、閃亮的河川、平整的步道，在這裡散步實在無比享受，而且還看得到遠方小小的東京晴空塔，拍幾張旅遊打卡照再適合不過了。

提醒大家，我曾在4月初到訪，當時盛開的花還不多，如果再晚個一到兩週前來，看到的櫻花會更漂亮。

重現明治時代的賞櫻名所

現在的足利五色櫻散步道，據說是要重現日本明治時代有名的賞櫻名所，該地被稱作荒川堤五色櫻（荒川堤の五色桜），當時可是在綿延6公里的荒川沿岸，種植共78個品種、3千多棵櫻花樹，規模非同小可。但賞櫻的遊客實在太多，造成櫻花樹的狀況由盛轉衰，後又經歷了二戰，為了製造薪材，許多樹木都面臨被砍伐的命運，就連荒川堤的五色櫻也不能倖免，最後便消失在歷史的洪流中。

為了將這個傳說中的名所復活，足立區透過對外募集櫻花樹領養者，才

5

6

7

8

👍 觀光：🌸　交通：🌸🌸

📍 東京都足立區扇 2 丁目

Google Map
QQ69+3M 足立區

🕐 24 小時

💲 免費

🚃 JR、東京地下鐵日比谷線
　 或千代田線、東武晴空塔
　 線、筑波快線「北千住站」
　 西口搭乘 Harukaze 6 號
　 公車 (はるかぜ 6 号)，於
　 「扇大橋下」下車步行 3
　 分鐘；日暮里 – 舍人線「足
　 立小台站」步行 10 分鐘

得以在荒川左岸的鹿濱橋到西新井橋約 4.4 公里的區間，栽種共 32 個品種 458 棵以八重櫻為主的櫻花樹，而這裡面有不少櫻花樹，來自於美國。

五色櫻象徵美日友好情誼

　為什麼在打造足立五色櫻散步道時，美國會送櫻花過來呢？其實在荒川堤五色櫻的全盛時期，日本曾將五色櫻作為日美友好的證明，將苗木贈送給了美國華盛頓，那些櫻花後來被種在波托馬克公園 (Potomac Park)，現在該公園已經成為世界知名的賞櫻景點之一！但是荒川堤五色櫻卻因為種種原因而衰敗，乃至消滅。

　後來在足立五色櫻散步道這個計畫正式啟動後，這次換美國贈送櫻花苗木給日本，讓這些櫻花再次回到它們的故鄉。在瞭解了這兩地的交流後，有點感動呢！

適合賞櫻散步 & IG打卡

4 月上旬	中旬	下旬

八重櫻
🚶 🌸🌸🌸　📷 🌸🌸

1,3,4. 令人心曠神怡的散步道
2. 能看到東京晴空塔的好視野
5,6,8. 外面少見的櫻花品種
7. 足立五色櫻散步道前的各種櫻花

建議順遊
谷中銀座商店街
纖維街
北千住

淺草及周邊

👍 觀光：★★★★★　交通：★★★★★
📍 東京都台東區淺草 2-3-1
🕐 24 小時開放
　　4 ～ 9 月開堂時間為 06:00 ～ 17:00、10 ～ 3 月開堂時間為 06:30 ～ 17:00
💲 免費
🚇 東武晴空塔線、東京地下鐵、筑波特快、都營地下鐵淺草線「淺草站」步行 5 分鐘

1. 淺草寺的象徵「雷門」
2. 在寶藏門面前，枝垂櫻只能小鳥依人

淺草寺
花期重疊的兩大櫻花

　　淺草寺是東京最古老的寺院，更是到東京旅遊必訪的地點之一，氣派的雷門、熱鬧的仲間世商店街及淺草一帶，都是不容錯過的地方。和其他的東京櫻花景點相比，淺草寺境內的櫻花不多，但搭配古色古香的建築一同欣賞，拍起照來也別有一番風情，因此就算在規模上不夠壯觀，我仍非常推薦大家在櫻花季來淺草寺看看。

　　而且這裡的櫻花品種不止一種，它們的花期也稍微錯開了一些，所以整體而言觀賞期比較長，對必須提前訂機票、從海外來到日本的旅客來說，到淺草寺能看到櫻花的機率也比較高。在淺草寺的櫻花當中，我想重點介紹的有 3 月中到 3 月底盛開、如柳樹般擁有婀娜姿態的「枝垂櫻」，及 3 月底 4 月初盛開、身為賞櫻王道品種的「染井吉野櫻」。

3月 上旬	中旬	下旬	4月 上旬	中旬	下旬

枝垂櫻 🚶★★ 📷★★★★

染井吉野櫻 🚶★★ 📷★★★

70

枝垂櫻 3月中到3月底

　　淺草寺的枝垂櫻為背後的五重塔及寶藏門增添了一抹春意，因此總是吸引不少人為它們佇足。這種櫻花比染井吉野櫻早一週左右盛開，因此當你來到東京，卻發現染井吉野櫻正含苞待放的話，就可以先到淺草寺欣賞寶藏門前的枝垂櫻，如柳枝的枝幹上淡淡的粉紅花朵隨風搖曳，十分浪漫。另外，這裡的枝垂櫻及染井吉野櫻的花期有可能重疊，幸運的話就兩種都看得到！

粉紅色瀑布般的枝垂櫻

Tips

推薦拍照時間或角度

與五重塔、寶藏門搭配的角度

　　面對淺草寺寶藏門時的右手邊有一棵枝垂櫻，推薦從它開始拍照。這棵枝垂櫻不算大棵，但若站在比較靠近它的地方拍攝，就能凸顯它的分量感，能為後方的五重塔或寶藏門起到畫龍點睛的效果。

在仲見世商店街散步的視角

染井吉野櫻　｜ 3月底到4月初

　　淺草寺的染井吉野櫻有 10 棵上下，主要集中在從仲見世商店街前往寶藏門的左手邊，雖然規模不是很大，但是一路穿過雷門，並從參道散步進來，會發現櫻花與周圍環境交織的景象非常漂亮！

Tips

推薦拍照時間或角度

8 樓展望台可以欣賞寶藏門前的熱鬧景象

8 樓展望台另一側的風景

淺草文化觀光中心 8 樓展望台

　　在前往淺草寺觀光、賞櫻前，推薦可以先到對面的淺草文化觀光中心 8 樓的免費展望台看看，在那裡可以用老鷹的視角，欣賞寶藏門前的染井吉野櫻、仲見世商店街上摩肩接踵的熱鬧風景，以及壯觀的東京晴空塔。可能是由上往下望的關係，盛開的染井吉野櫻看上去就像是一團毛茸茸的棉花，非常可愛。

在淺草寺欣賞夜櫻

淺草寺白天人潮絡繹不絕、摩肩擦踵，夜晚則相對平靜許多，逛起來也會自在不少。雖然傍晚之後，仲見世商店街已經結束營業，寺內的各個廳堂也停止服務，不過境內在日落後到 23:00 為止會點燈，能一窺與日間截然不同的風景，很推薦不喜歡人擠人的朋友鎖定這個時間前往。特別是在 3 月底 4 月初染井吉野櫻盛開之時，大家可以到寶藏門前欣賞夜櫻，在仲見世商店街的點燈及路燈的照耀下，櫻花會瀰漫著一股魔幻的氛圍。

由日本著名燈光設計師石井幹子小姐一手打造的淺草寺點燈

穿上和服更融入淺草

淺草一帶有很多和服出租店，不止是外國觀光客，許多日本人來淺草，也會特地租借和服，和三五好友在附近散步、觀光。若你來到淺草賞櫻，那又怎麼能錯過穿上和服、以櫻花為背景拍照的絕佳機會呢？雖然每一間店所提供的服務內容不太一樣，但大致上從髮型到穿戴都會幫忙弄好，又由於店家之間的競爭激烈，所以價格也不會太貴，一般來說一個人大概是 3,000～ 4,000 日圓左右，若想要嘗試比較特殊的風格，也有可能會到 10,000 日圓上下，大家可以評估一下自己的需求再做選擇。

近年來，淺草的和服出租店風格越來越豐富，不管是大正羅曼風、動漫風、蘿莉風、還是傳統風，在這裡都可以找到！不過，在我的觀察中，通常規模較大的連鎖和服出租店，提供的和服穿搭就比較中規中矩，優點是價格比較實惠，語言應對的服務也會比較全面；相對小型的和服出租工作室，比較有自己的風格，有些會使用非和服的服飾配件相互搭配，打造現代與傳統融合的形象，有些甚至會自製配飾，以傳達自己工作室的獨特風格，然而這樣的店家，價格通常會貴上一兩倍，預約也比較不方便，幾乎無法應對外語，而且也可能要透過私訊或寄信溝通預約事宜。

希望各位注意的是，櫻花季的和服體驗非常熱門，請一定要提早計畫，現場再找很有可能會被拒絕。而在日本居住的這幾年，我所體驗過的店家有三間：

淺草愛和服

這間店的優點是價格便宜（女生 4,300 日圓起），可選的風格很多，且能透過官網預約，預約表單上也有中文。過去帶父母一同前往時，店內還有台灣店員，非常安心！

kesa tokyo

這間店的風格是和洋融合的復古風，除了傳統的和服外，還會搭配面具、手套、小禮帽、網紗、乾燥花等配件，品味高雅，IG 上的每一套穿搭都很精緻，但價格也稍微高一些（女生兩人同行一人 7,150 日圓），目前可以透過日文官網預約。

澤田屋

風格超級日系，顏色配飾都很大膽，常會推出特殊主題，像是搭配貓耳、兔耳，或各種季節花卉的公主風格，許多飾品都是店家手工製作、外面找不到的，這間店只能透過電子郵件預約，價格也是三間中最貴的和服店（女生 8,250 日圓起）。

1

2

東武橋
初春超人氣！將晴空塔一起拍下

東武橋就位在東京晴空塔附近，是近年來聲名大噪的初春超人氣拍照景點，因為在橋上，你能拍下粉紅河津櫻圍繞東京晴空塔的奇蹟美照！

若你也對這片風景懷抱嚮往，未來在 2 月底到 3 月初來到東京，推薦在進入東京晴空塔逛街購物、享用美食前，先繞到東武橋瞧瞧。另外，根據往年的活動情報，東京晴空塔內的餐廳及甜點店，從 3 月初一直到 4 月中，會推出一系列以櫻花為主題的餐點，有機會的話不妨品嘗看看。

對東武橋河津櫻的正確認知

這裡想要特別強調，東武橋上只有「兩棵」河津櫻樹。大家在網路上看到的唯美景致，都是在巧妙的取景下呈現出來的，實際上這兩棵河津櫻樹並不大，尤其又位在高聳的東京晴空塔腳下，就顯得更加迷你。

我在網路上看過不少講述實際來到現場、看到櫻花卻大失所望的貼文，但是我認為東武橋的河津櫻還是很有一觀的價值，除了能拍出難得的漂亮照片外，它的地理位置對旅人來說也非常方便，不僅距離車站很近，看完花、拍完照後，更能直接前往東京晴空塔繼續旅遊行程，以順道一遊的角度來看，我覺得東武橋是合格的櫻花景點。

3

4

觀光：🌸🌸🌸🌸
交通：🌸🌸🌸🌸🌸
📍 東京都墨田區向島 1-32-12
🕐 24 小時
💲 免費
🚃 東京晴空塔線「東京晴空塔站」步行 1 分鐘；東京地下鐵半藏門線及都營地下鐵「押上站」步行 3 分鐘

適合 賞櫻散步 & IG打卡

2月下旬	3月上旬	中旬

河津櫻
🚶 🌸 📷 🌸🌸🌸🌸🌸

1. 東武橋的河津櫻嬌小玲瓏
2. 對焦在東京晴空塔，使花朵失焦成為前景也很浪漫
3. 對焦在花朵也是一種拍法
4. 橋上的其中一棵河津櫻

請注意交通安全及拍攝規定

東武橋的人行道並不寬敞，拍照時除了注意交通安全、不要闖入車道外，也請勿長時間停留，尤其此地禁止使用腳架，建議勿存僥倖心態，不然有可能會因此產生衝突，這樣就太掃興了。

Tips

—— 推薦拍照時間或角度 ——

可以嘗試蹲在樹下拍

東武橋的河津櫻就種在東京晴空塔的幾乎正下方，所以可以蹲在樹下拍攝，這樣河津櫻會占據畫面較多比例，比較容易拍出花團錦簇的感覺。若各位計畫夜晚前往，可以事先上東京晴空塔的官網查詢點燈顏色，或許會有期間限定的特殊點燈。

東京晴空塔點燈主題頁面：

建議順遊

東京晴空塔
淺草
清澄白河

1
2
3
4

藏前神社
除了櫻花，罕見金合歡也是看點

藏前鄰近淺草，擁有許多特色咖啡廳及質感小店，是許多人來東京旅遊會特地走訪的地區。這裡介紹的藏前神社便隱藏在藏前的巷弄中，近年來因為粉紅藏前櫻及金黃金合歡交織出的夢幻景致，在社群媒體上爆紅，甚至還被電視台採訪報導，因此讓它一躍成為東京初春的人氣賞櫻地。

賞櫻之餘不可錯過的花卉

在寒緋櫻及藏前櫻盛開的時節，神社境內還看得到山茶花及金合歡。雖然東京都內也有其他地方看得到金合歡，但根據網路上的資訊，東京不少曾經很有名的金合歡都因為颱風被吹倒，所以現在如藏前神社這樣大棵的金合歡已經很少見，因此它也成為許多人拍照取景的重點之一。

寒緋櫻　3月初到3月中

面向神社的右手邊，開著深粉紅色鐘型花朵的就是寒緋櫻，它的花期和藏前櫻重疊，不過整體來說比藏前櫻稍微早幾天開花、早幾天凋謝，要來得剛剛好，才能將兩者一同拍下。

👍 觀光：🌸🌸🌸🌸🌸
　　交通：🌸🌸🌸🌸
📍 東京都台東區藏前 3-14-11
🕐 24 小時 (祈禱、御守、御朱印 9:00 ～ 16:00)
💲 免費
🚃 都營淺草線「藏前站」A4 出口或都營大江戶線「藏前站」A6 出口步行 2 分鐘

適合 賞櫻散步 & IG打卡

3月上旬	中旬	下旬

寒緋櫻 & 藏前櫻
🚶🌸🌸🌸 📷🌸🌸🌸🌸🌸

1. 藏前神社
2. 寒緋櫻
3. 藏前櫻
4. 早上 10:00 就有很多拍照的人
5. 花瓣地毯
6. 金合歡
7. 拍攝紀念照的絕佳位置

藏前櫻

 3月初到 3 月中

　　藏前櫻是藏前神社當中備受矚目的存在之一，不過藏前櫻並不是正式的品種名，根據官方網站及網路報導，這棵櫻花樹為神社宮司的妻子在 20 多年前種下的，一直以來都不知道它確切的品種是什麼，為了方便稱呼，才以地域的名字命名。

Tips
─── 推薦拍照時間或角度 ───

在盛開的時期站在金合歡後，以藏前櫻為背景拍攝

　　若大家想拍些有人的紀念照，這個角度不僅可以將兩大重點一次入鏡，也不會傷害到花朵本身。

在櫻花開始吹雪後，早起拍攝櫻花粉紅地毯

　　若到訪時太陽很大，記得以陰影處為主取景，才不會因為強光反射而減弱了地面的色彩，如此才能拍下宛若鋪上粉紅地毯的奇蹟景色！

建議順遊
淺草
上野
六本木
新宿

觀光：★★★★★
交通：★★★★★
東京都台東區花川戶 1-1
24 小時
免費
東武晴空塔線、都營淺草線、東京地下鐵銀座線「淺草站」步行 5 分鐘

隅田公園
千棵櫻花綿延岸邊的壯麗景觀

　　隅田公園是隅田川沿岸的公園，靠近淺草的右岸為台東區立隅田公園，靠近東京晴空塔的左岸為墨田區立隅田公園，這一帶是日本非常有歷史的賞櫻名所。兩岸總計約 1,000 棵櫻花，盛開起來宛若粉紅色的長龍盤踞在岸邊般，名列日本櫻花名所百選之一，是海內外觀光客的人氣觀光景點。隅田川兩岸的櫻花有許多品種，雖然以染井吉野櫻花期的景色最為壯觀，不過稍微早一點的時期，也有值得看的櫻花，以下簡單為各位統整。

適合 賞櫻散步 & IG打卡

	3月 上旬	中旬	下旬	4月 上旬	中旬	下旬
雅櫻 🚶❀❀ ◎❀❀❀						
大寒櫻 🚶❀❀ ◎❀❀❀❀						
染井吉野櫻 🚶❀❀❀❀ ◎❀❀❀❀❀						

雅櫻　3月中到3月底

在墨田區立隅田公園那一側、首都高速6號向島線的高架橋下，種著兩棵有著紫粉紅色花瓣的雅櫻，雅櫻這種早開櫻目前還不是很有名氣，種植的地方還不多，而這裡介紹的地點，櫻花規模雖然不大，但幾次到訪，都有遇到拍攝婚紗的人來取景，個人覺得在染井吉野櫻還未全面盛開之時，這裡仍值得一看。

若是從淺草前往，就必須跨越隅田川，大家可以利用最新開放的步道「SUMIDA RIVER WALK」前往，下橋前往左側看，就會看到紫粉紅色的雅櫻，相信不會太難找。如果怕迷路，可以使用以下定位資訊。

`Google Map` PR62+QV 墨田區

Tips
推薦拍照時間或角度

這個位置大部分時間都照不到陽光

建議中午前來才會有順光的角度

墨堤雅櫻的位置有點尷尬，中午前過來的話，面向隅田川那側的櫻花才會向陽，下午的話則會因為高架橋及周邊建築物，讓櫻花整體都籠罩在陰影當中，拍起來比較不漂亮，因此建議中午前來拍照。

大寒櫻　3月中到3月底

　　隅田公園中有幾棵大寒櫻，數量不多而且也種得分散，不過卻有能夠拍出漂亮照片的角度，對於來東京賞櫻，卻來得比較早的旅人來說，這些大寒櫻可以緩和沒遇到染井吉野櫻花期的失落，但就怕大家發現大部分的櫻花都還沒開，便早早地離開。

　　其中我最推薦的拍攝地在隅田公園遊具廣場前（請見底下定位資訊在底下），該廣場有一個可愛的鯨魚造型溜滑梯，那附近有兩棵大寒櫻，剛好圍繞遠方的東京晴空塔盛開，景色非常經典且美麗，也是人氣婚紗拍攝地。

Google Map　PR72+MP 台東區

Tips

推薦拍照時間或角度

順光（12:00 拍攝）　　背光（16:00 拍攝）

建議中午前來才會順光

　　若想拍攝大寒櫻與東京晴空塔同框的畫面，早上來才會是順光，拍起來顏色比較漂亮。

染井吉野櫻　3月底到4月初

　　在染井吉野櫻盛開後，隅田公園的旅人密度也來到巔峰，這裡的櫻花樹綿延 1 公里左右，靠近淺草的台東區立隅田公園這一側有約 600 多棵櫻花樹、另一側的墨田區立隅田公園則有約 300 多棵，整個繞一圈要走不少路，建議穿上好走的鞋子前來。

人氣賞櫻地

這個時期的隅田公園，可以說怎麼拍怎麼美，不過如同前面提醒的，若想將櫻花與東京晴空塔拍在一起，中午前就要來，這樣人潮也會少一點。另外，染井吉野櫻的花期，這裡還會舉辦隅田公園櫻祭（隅田公園桜まつり），除了有小攤販外，晚上也會舉行點燈活動，喜愛夜櫻的人可以在天黑後過來。另外，這個時期還有其他活動，例如：

搭乘屋形船以不同角度賞櫻

一般我們都是在陸地上散步賞櫻，不過來到隅田公園推薦可以搭乘屋形船，換個視角，從川上欣賞隅田川兩岸氣派的櫻花。如果是附餐的方案，約 ¥10,000 ～ 20,000 ／ 1 人，時間約 2.5 小時；若只是單純搭船的話，約 ¥1,000 ～ 2,000 ／ 1 人，以上價格供參請以官網為準。想要體驗的話，有些店家從 1 月開始就會開放預約，預約前也請確認好起點和終點，因為不是所有方案都會從淺草出發。

買個櫻餅應應景

在墨田區側的隅田公園，有一間關東風櫻餅的發祥店「長命寺櫻餅 山本屋」，這間店是有 300 多年歷史的老鋪，目前仍繼續販賣著江戶時代風靡賞櫻客的櫻餅！如同前面章節所分享的，目前日本全國熟知的櫻餅其實是關西風的道明寺櫻餅，但是這家店是以長命寺櫻餅為基礎製作，因此若大家正巧來到隅田公園賞櫻散步，真的很推薦大家順道品嘗這個經典的賞櫻小點心。

`Google Map` 長命寺櫻餅 山本屋

建議順遊

淺草、藏前
上野
TOKYO mizumachi
東京晴空塔

小道

一葉櫻・小松橋街道
遠離塵囂，日常感櫻花道路

一葉櫻・小松橋街道（一葉桜・小松橋通り）位在淺草寺北邊 500 公尺左右、遠離觀光區的地段，這條路總長約 800 公尺，兩側種了許多八重櫻，且以一葉櫻這個品種為主，這裡每年都會舉辦祭典活動，由於看得到傳統的花魁遊行（花魁道中），總是吸引許多人慕名前來，目前已經是東京都小有名氣的八重櫻景點。

以「一葉櫻」重振當地

這條路在過去稱作小松橋街道，之所以會冠上一葉櫻這個名詞，其實寄託了當地計畫以一葉櫻重振當地的想法。一切的開端始於 2002 年，當時為了迎接隔年的江戶幕府開府 400 年，而在小松橋街道上種了 131 棵的一葉櫻，並在隔年的 2003 年首次舉辦了「淺草觀音裏・一葉櫻祭」（浅草観音うら・一葉桜まつり）的活動，這條道路的名稱，也正式改為了現在的一葉櫻・小松橋街道。

後來，當地居民也持續地在附近植樹，目前據說已經在總長 2.5 公里的道路兩側，種了 300 多棵的八重櫻，盛開時走在其中，非常羨慕日本人的日常生活與櫻花這麼靠近。

3 4 5 6

👍 觀光：★★★
　　交通：★★★
📍 東京都台東區淺草 4-47-11
🕐 24 小時
💲 免費
🚃 各線「淺草站」步行 15 分鐘

適合 賞櫻散步 & IG打卡

4月上旬	中旬	下旬

一葉櫻
🚶 ★★★　📷 ★★★

1. 種滿一葉櫻的街道
2. 一葉櫻近照
3,4. 滿溢日常感的風景
5. 保留部分吉原歷史的吉原神社
　　也在附近
6. 附近的富士公園

由粉轉白的一葉櫻

　　一葉櫻是八重櫻的一種，花瓣有 20 ～ 35 片，盛開時為淡粉紅色，隨著進到尾聲顏色會慢慢變白，由於它的雌蕊有葉化的情形，開花後會變得明顯，看上去宛若花的中間長了一小片葉子，所以才會被命名為一葉櫻。一葉櫻等八重櫻的花期都比染井吉野櫻要晚，一般在 4 月初到 4 月中盛開喔！

「淺草觀音裏・一葉櫻祭」的花魁道中

　　在每年 4 月的第二個週六，一葉櫻・小松橋街道一帶會舉辦淺草觀音裏・一葉櫻祭，當天不僅會有市集、商店，還會舉辦江戶吉原花魁遊行（江戶吉原おいらん道中），能看到花魁踩著 20 公分高的木屐，為各位重現古代吉原經典的「外八文字」走法。

　　2023 年我也實際到現場一觀，盛大的遊行隊伍、優雅又有強大氣場的花魁，讓人目不轉睛，非常推薦大家有機會到場朝聖。

建議順遊

今戶神社
吉原神社
淺草
上野
三之輪

川端 Community 街道
深淺八重櫻交織而成的住宅區

　　川端 Community 街道（かわばたコミュニティ通り）位在京成立石站附近，這條路上種了很多華美的八重櫻，深淺都有，逛的時候不會覺得很單調，反而充滿驚喜感。雖然站名、路名都讓人感覺比較陌生，不過這裡意外地不會很難到達，從淺草站前往的話，到車站的車程只要 7 分鐘，走去街道也只要從南口再走 5 分鐘，整趟不用 15 分鐘就可以抵達，非常方便。

　　只是這條街道的網路資料不多，究竟是什麼樣的理由才會種八重櫻為路樹？哪一年開始種的？種了多少棵？關於這些問題都找不到解答，就算實際去走了一趟還是對它一知半解，不過我可以告訴你的是，這裡的風景真的令人印象深刻，再普通不過的住宅區街道，在八重櫻的陪伴下，竟然會變得如此與眾不同！可能賞櫻對我來說還是旅行的成分比較多，但這裡的景色讓我發現，原來日常生活也可以離櫻花這麼近，因此心裡特別地感動。

適合闔家同遊的「東立石櫻祭」

　　在八重櫻滿開的 4 月中，這裡會舉辦東立石櫻祭（東立石さくらまつり）活動，除了會在櫻花樹上掛燈籠裝飾並舉行夜間點燈外，也會選定其中一

天舉辦趣味遊戲、跳蚤市場，邀請民眾共襄盛舉，當天沿路也會有小吃及娛樂攤販。雖然平日來賞花的人不多，但活動舉辦當天，現場可是非常熱鬧喔！

5

👍 觀光：🌸 　交通：🌸🌸
📍 東京都葛飾區東立石 3-25-8
🕐 24 小時
💲 免費
🚃 京成電鐵「京成立石站」南口步行 5 分鐘

適合賞櫻散步 & IG打卡

4月上旬	中旬	下旬

八重櫻
🚶 🌸🌸🌸🌸🌸
📷 🌸🌸🌸🌸

1,3,5. 住宅區中的華美櫻花樹
2. 八重櫻
4. 連路邊的腳踏車都是風景

Tips

推薦拍照時間或角度

普通拍　　　　　　　拉近拍

將相機畫面拉近塑造壯麗感

把遠的東西拉近，能拍下具有空間壓縮感的照片，這個技巧非常適合拍攝櫻花隧道，可以將現場的壯麗感忠實呈現，甚至是誇大表現。川端 Community 街道的八重櫻我覺得種得算密集，不過若能多下這一點工夫，就能拍下更有震撼力的照片。

關於放大的程度，手機雖然因機種而異，不過我覺得放大到兩倍就非常夠用，三倍以上也可以，只是畫面的顆粒感就會比較重；相機就看你器材的規格及你理想中的壓縮程度而定。

建議順遊

淺草
東京晴空塔

荒川線沿線

観光：★★★★ 交通：★★★★★

東京都北區王子 1-1-3

24 小時

免費

JR「王子站」中央口或南口步行 1 分鐘；都電荒川線「飛鳥山」或「王子站前」步行 1 分鐘；東京地下鐵南北線「王子站」一號出口步行 3 分鐘

飛鳥山公園
適合風景攝影的超人氣賞櫻地

位在東京都北區、都電荒川線沿線的飛鳥山公園，在距今 300 多年前的江戶時代享保年間，被打造成了櫻花名所，更在約 130 年前，和上野恩賜公園、淺草公園 (淺草寺)、芝公園、深川公園一同被指定為日本最初的公園。根據官網指出，飛鳥山公園內共有 600 多棵的櫻花樹，每年都會吸引大批民眾來訪參觀。

適合 賞櫻散步 & IG打卡

3月	上旬	中旬	下旬	4月	上旬	中旬	下旬

染井吉野櫻 🚶 ★★★★★ 📷 ★★★

八重櫻 🚶 ★★★ 📷 ★★★★

1. 能坐的地方幾乎都坐滿人
2. 飛鳥山公園
3. 飛鳥山公園的櫻花樹都好高
4. 在這裡拍照背景都是人

染井吉野櫻

3月底到4月初

　　飛鳥山公園內有約 400 多棵的染井吉野櫻，當最佳觀賞期來臨，公園經常擠滿大批民眾，若在假日前往，塑膠墊幾乎鋪滿了所有能夠野餐的土地，每個平時作為拍照景點很有人氣的遊樂設施，看上去都要被小孩淹沒，整個景象完全超過「熱鬧」兩個字可以形容的程度。因此，若你要在染井吉野櫻的花期來飛鳥山公園，我比較推薦各位以散步的方式賞櫻，想要野餐、想要帶小朋友玩耍，其他地區或許是更好的選擇。

　　另外，我覺得這個時期的飛鳥山公園不是那麼適合拍人像照，除了人太多很難拍外，這裡的染井吉野櫻都比較高，枝幹也都往上長，花朵幾乎都在我們平視的高度以上，所以再怎麼喬都很難有被櫻花團團圍繞的構圖，反而會拍到一堆人，不過若只是想單拍風景，我認為這裡還是很適合。

八重櫻　4月初到4月中

飛鳥山公園內有關山櫻、福祿壽櫻、一葉櫻、松月櫻、日暮櫻、鬱金櫻、御衣黃櫻等 7 個品種的八重櫻，總共約有 100 多棵，大部分都圍繞著城堡造型遊樂設施那一區盛開。雖然八重櫻的數量沒有染井吉野櫻多，但這個時期的人潮比較沒那麼多，逛起來舒適之餘，拍照也能拍得比較自在，所以我比較推薦大家在這個時期過來。

Tips

推薦拍照時間或角度

經典拍攝角度

公園外的天橋上，可以同時拍下電車與櫻花

來到飛鳥山公園賞櫻，先別急著進去，可以先到公園外的飛鳥山公園步道橋，在那裡可以將都電荒川線的路面電車與櫻花樹拍在一起。

1. 蒸氣機關車 D51
2. 都電 6080
3. 圍著遊戲區盛開的八重櫻

建議順遊

七社神社
荒川遊園地
巢鴨商店街

適合 賞櫻散步 & IG打卡

👍 觀光：✿✿✿✿✿　交通：✿✿✿
📍 東京都北區西ヶ原 2-11-1
🕐 24 小時 (社務 9:00 ～ 17:00)
💲 免費
🚇 東京地下鐵南北線「西原站」2 號出口步行 2 分鐘；
　JR「上中里站」或「王子站」步行 10 分鐘；都電荒
　川線「飛鳥山」步行 5 分鐘
📱  官網　　官方部落格

4月上旬	中旬	下旬

御衣黃
🚶 ✿✿✿　📷 ✿✿

七社神社
當地人也喜愛！罕見黃綠色櫻花

　　七社神社以求子、安產、除惡運聞名，神社
境內也有種植染井吉野櫻，不過數量不多。比
較值得注意的是拜殿兩旁的福祿壽及御衣黃兩
種八重櫻，而且由於御衣黃是少見的黃綠色櫻
花，因此不少日本人會為了一睹它的風采，特
地前往觀賞。

少見的黃綠色櫻花

賞御衣黃、福祿壽最佳時機？

　　雖然七社神社的八重櫻只有兩棵，但我很喜歡櫻花與日本傳統建築物相互映襯的風景，再加上附近的飛鳥山公園，於同個時期也有 100 多棵八重櫻盛開，在行程上很適合安排在一起，因此也很推薦各位順道過來一遊。

　　關於八重櫻盛開的時期，一般都是籠統地說會在染井吉野櫻之後盛開，不過不同品種的八重櫻，盛開的時期也會有幾天的差異。以七社神社的福祿壽及御衣黃來說，御衣黃會比福祿壽還要早開，差不多會在染井吉野櫻推測盛開（實際滿開那天再加 7 天）後兩週迎向滿開，而福祿壽則會再晚個 4、5 天滿開。因此，若你只是單純想看黃綠色的櫻花，那在染井吉野櫻邁入尾聲後就可以前往，不過若你是想看拜殿兩旁開著綠、粉兩種櫻花的風景，就要多等個幾週。

　　如果想要知道七社神社的櫻花花況如何，可以到他們的官方部落格去看看，在櫻花季當中，神社每隔個幾天就會更新境內的照片，相當有參考價值。

1

2

3

在七社神社尋找澀澤榮一的影子

除了參拜、賞櫻外，七社神社還與日本一位很有名的人物有很深的淵源，這個人就是被稱為日本資本主義之父、對日本的現代化有著深遠影響的澀澤榮一先生。

澀澤榮一先生過去所住的飛鳥山邸，位在現在的飛鳥山公園裡面，他定居於此後便成了七社神社的信徒，不僅捐款讓七社神社蓋了社務所，目前拜殿上掛著的、寫有七社神社 4 個字的匾額，也是澀澤榮一先生親筆揮毫的作品。由於七社神社與澀澤榮一先生有這樣一層關係，所以在七社神社的御朱印、繪馬、御守上，也都找得到澀澤榮一先生的身影，很是有趣！

1,2,3. 御衣黃櫻
4. 福祿壽櫻
5. 澀澤榮一先生所寫的七社神社匾額

建議順遊
飛鳥山公園
荒川遊園地
巢鴨商店街

尾久之原公園
盡情享受櫻花簇擁的祕密景點

　　尾久之原公園位在東京都荒川區，園內有能讓小朋友安心跑跳的草皮、開心玩水的水池（7、8月開放），以及小型的溜滑梯等等，這樣一個深入東京都民生活的公園，其實種了超過200棵的枝垂櫻，盛開起來非常壯麗！雖然如此，這裡卻還不是很有名氣，屬於流傳在當地居民之間的祕密景點。

　　根據官網，這個公園共有紅枝垂、八重紅枝垂、雨情枝垂、仙台枝垂等4種枝垂櫻，粉色、白色相互交錯，景色壯觀又富有層次。另外，這些櫻花樹的高度都不算太高，大家可以走進枝幹之間，近距離欣賞這些可愛的花朵，若在底下鋪上野餐墊，更能享受被櫻花包圍的浪漫風情，更棒的是，從公園的某些地方還看得到遠方的東京晴空塔！

去尾久之原公園的最佳時間？

　　以我個人的經驗來說，在染井吉野櫻正盛開的時候，尾久之原公園只有紅枝垂盛開，其他的三個品種雖然也會開花，但會是花苞為多的狀態。所以當你正沉醉在上野恩賜公園、新宿御苑、千鳥淵的滿開景致時，先不用花時間來這裡，但當你發現染井吉野櫻已經因為吹雪，而開始稀稀落落時就可以過來。

觀光：🌸🌸　交通：🌸🌸
東京都荒川東尾久 7-1
24 小時
免費
都電荒川線「東尾久三丁目」步行 10 分鐘

適合 賞櫻散步 & IG打卡

3月下旬	4月上旬	中旬

枝垂櫻
🚶 🌸🌸🌸🌸🌸
📷 🌸🌸🌸🌸🌸

1. 住宅區中的華美櫻花樹
2. 這裡的櫻花有粉有白
3. 在這裡拍照很夢幻
4. 小型遊戲區
5. 寬廣的草皮

到訪時間參考

我到訪的那年，東京宣布 3/20 染井吉野櫻開花(3/27 預測滿開)，而找在 4/2 到訪此地時開得正漂亮。

建議順遊

荒川線路面電車一日遊：
Joyful 三之輪商店街
荒川遊園地
巢鴨地藏通商店街

Tips

推薦拍照時間或角度

普通拍（站在同一地點）　　拉近拍（站在同一地點）

離櫻花遠一點，拉近拍東京晴空塔

　　曾有網友問我「從尾久之原公園看到的東京晴空塔真的有這麼大嗎？」實際來到現場，我想你會覺得東京晴空塔滿小的，不過我並沒有在照片上動手腳，我只是用了一個拍攝小技巧，具體做法就如標題所寫的「離櫻花遠一點」、「再將畫面拉近」後拍攝。

　　如果要解釋原理的話，是因為東京晴空塔本身非常宏偉，你在遠方看著它時，它在畫面的大小並不會因為你後退了幾步而有顯著的變化，但你面前的櫻花就不一樣了，這樣兩相比較之下，就會產生一種東京晴空塔好像變大、變近的錯覺

1

2

神田神社
具有魔幻魅力的夜間參拜

神田神社又稱作神田明神，從創建到現在已經有超過千年的歷史，自江戶時代以來，就以江戶總鎮守的角色，受到幕府及民眾的信仰，現在也是東京都內十分有人氣的能量景點。神田神社境內有約 10 棵左右的染井吉野櫻，以數量來說絕對不算多，不過每一棵樹都很高大，開起花來非常壯觀，再搭配上神田神社朱紅色的建築一同欣賞，可以說別有一番風情，喜愛攝影的旅人應該會喜歡這裡的風景。

適合打卡拍照的夜間點燈活動

雖然神田神社的櫻花並不多，不過往年到了櫻花季，社方也都會為櫻花打燈，是小有名氣的夜櫻景點。我到訪的那一年比較特別，神田神社與成功打造多個夜間互動藝術活動的公司 NAKED 合作，舉辦了為期兩個多禮拜的夜間參拜。除了為神社境內的櫻花樹打上會變換顏色的魔幻燈光外，還設計了會在地面映照出花朵圖案的特殊燈籠，免費供遊客租借使用。由於整個活動實在太適合打卡拍照

3

4

5

6

👍 觀光：★★★★★
　 交通：★★★★
📍 東京都千代田區外神田
　 2-16-2
🕐 24 小時
💲 免費
🚃 JR「御茶水站」聖橋口、
　 東京地下鐵丸之內線「御
　 茶水站」一號出口、東京
　 地下鐵千代田線「新御茶
　 水站」B1 出口、東京地下
　 鐵銀座線「末廣町站」步
　 行 5 分鐘；JR「秋葉原站」
　 電器街口、東京地下鐵日
　 比谷線「秋葉原站」步行
　 7 分鐘

了，所以馬上就在社群媒體上傳播開來，吸引了很
多人特地前往。

　　不確定這個活動會不會繼續舉辦，如果你對這樣
的活動內容感興趣的話，未來若要到東京賞櫻，記
得先上網搜尋一下最新的資訊。

到神田神社參拜可以許什麼願？

　　神田神社內所祭祀的三位神明，分別在結緣、生
意興隆，以及開運除惡上靈驗，如果你有關於這方
面的願望，就很適合來到這裡參拜。另外，神田神
社有一個很有名的御守，就是守護電腦免於病毒入
侵、當機的「IT 情報安全守護」，一方面神田神社
就位在被科技御宅族視為聖地的秋葉原一帶，另一
方面近年來電腦網路在我們的生活中越來越重要，
所以才會推出這個非常特別的御守。若你是 IT 產業
從業者，除了在電腦主機旁放乖乖外，或許也可以
到這邊求一個御守放在身邊喔！

適合 賞櫻散步 & IG打卡

3月下旬	4月上旬	中旬

染井吉野櫻

🚶 ★★★　📷 ★★★★★

1. 神田神社外觀
2. 神田神社的御神殿
3. 映照出花朵的燈籠
4. 祈求緣分的大黑天神像
5. 神社到處都點上了燈
6. 點燈的顏色層次很精緻

建議順遊

秋葉原
上野

1
2

柳森神社
美而罕的櫻花、小而巧的神社

柳森神社是秋葉原站附近的一個小小的神社，這裡祭拜的是從京都伏見稻荷大社迎接來的「倉稻魂命」的分靈，在日本，農業及工商的業者都十分信仰。在這個神社的拜殿前，種了一棵少見的黃綠色櫻花，由於是櫻花中稀有的顏色，因此也在櫻花愛好者當中有不少粉絲，喜歡這種櫻花的人便會在櫻花季時特別到訪。像我也是在知道原來這個世界上有黃綠色的櫻花後，上網搜尋才發現這個可愛的小天地，若你也想親眼看看，到秋葉原逛街前不妨可以先到這裡朝聖。

御衣黃還是鬱金櫻？

穿過鳥居進入神社後，便會看到這棵開著黃綠色花朵的樹幹上綁著寫上御衣黃的牌子，不過我覺得這個花的外型不太像御衣黃，反而比較像另一種同樣以黃綠色花朵聞名的鬱金櫻，但我也無法確定，於是就在這裡寫出來，讓大家實際到訪時仔細觀察，推敲出屬於你自己的答案囉！

令人驚豔的「神社博物館」

在到訪柳森神社前，只知道它屬於小型的神社，境內並不寬敞，但實際

👍 觀光：🌸🌸🌸🌸🌸
🚃 交通：🌸🌸🌸🌸🌸
📍 東京都千代田區神田須田町 2-25-1
🕐 7:00 ～ 17:00
💲 免費
🚇 JR、東京地下鐵日比谷線「秋葉原站」步行 5 分鐘

適合 賞櫻散步 & IG打卡

4月上旬	中旬	下旬

御衣黃或鬱金櫻

🚶🌸🌸 📷🌸🌸🌸

1. 狸貓石像
2,6. 神社境內
3,4. 櫻花近照
5. 柳森神社外觀

走訪後，驚訝地發現裡面還設了很多附屬於本社的小神社，將空間利用得淋漓盡致，走在其中有點像在參觀以神社為主題的博物館，各式各樣的建築、雕像、鳥居，令人目不暇給。

在這些小神社裡面，又以求取勝利、財運、功成名就而靈驗的福壽神祠最為有名，在被太陽曬到都變成粉紅色的鳥居兩旁，有兩尊特別的狸貓石像在迎接所有參拜者。

到訪時間參考

我到訪柳森神社的那年，東京宣布 3/24 染井吉野櫻開花 (3/31 預測滿開)，而我在 4/3 到訪此地時開得正漂亮。

什麼時候去柳森神社最好？

雖然我認為這裡的櫻花品種不一定是御衣黃，不過有一點毋庸置疑，那就是這棵櫻花屬於較晚開的八重櫻。依照我的經驗，在染井吉野櫻的最佳觀賞期結束後的 4 ～ 5 天過來最好！

建議順遊

秋葉原
上野
東京車站

1

2

舊中川水邊公園
不輸隅田公園，河津櫻大人氣！

1. 浪漫的櫻花隧道
2. 舒適的環境，人氣滿分
3. 河津櫻
4. 大寒櫻與可愛的棕耳鵯
5,6. 繡球花季也很值得前來

　　舊中川長 6.68 公里，流淌在東京都江戶川區、墨田區、江東區之間，沿岸的綠地被稱作舊中川水邊公園，雖然它還沒有隅田川那樣有名，不過根據網路新聞的報導，在距今 20 多年以前，當地居民便開始在沿岸種植櫻花樹，從河津櫻、大寒櫻、大島櫻到染井吉野櫻等等都有，為的就是想將舊中川打造成不輸隅田公園的賞櫻名所。這裡介紹的是舊中川水邊公園於平井三丁目的區間，這裡的河津櫻在這幾年紅透半邊天。

Tips
─ 推薦拍照時間或角度 ─

接近傍晚而逆光

中午以前拍攝東京晴空塔＋河津櫻會是順光

　　如果你也想拍被河津櫻圍繞的東京晴空塔的話，推薦中午以前抵達，人可能會比較少外，這個時段的光線會是順光，比較容易拍攝。

👍 觀光：🌸🌸🌸
　 交通：🌸🌸🌸

📍 東京都江戶川區平井 3-4

Google Map
PR2Q+PQ 江戶川區

🕐 24 小時

💲 免費

🚇 JR「平井站」、東武龜戶線「龜戶水神站」步行 11 分

交通建議：舊中川的交通還算方便，若從 JR 新宿站出發，車程加上步行約 40 分鐘可抵達，若從 JR 秋葉原站出發，則只要約 20 分鐘，而且都不需要轉車，因此我比較推薦搭乘 JR 中央線或總武線在平井站下車，而且相較於東武龜戶線的龜戶水神站，平井站那一側比較熱鬧，出車站就有餐廳及商店

河津櫻 　2月底到3月初

　　根據江戶川區公告，該地共有 36 棵河津櫻，分成兩排種植，形成一條短短的粉紅隧道。除了有能看到東京晴空塔的好視野外，JR 總武線、中央線的高架橋也在同一方向，不時會有列車駛過，看點滿滿！

大寒櫻 　3月初到3月中

　　在上述的河津櫻粉紅隧道當中，有幾棵大寒櫻躲在裡面，它的顏色比河津櫻白一些，應該不難分辨。

6 月中的繡球花也不容錯過

　　雖然本書主要在介紹東京的櫻花景點，但舊中川沿岸的繡球花也非常漂亮，不推薦給大家我覺得很可惜。若在 6 月中來東京，可以將下午到黃昏的時間留給這裡，絕對能拍到很多夢幻的照片！

適合 賞櫻散步 & IG打卡

2月下旬	3月上旬	中旬

河津櫻
🚶 🌸🌸🌸🌸🌸 📷 🌸🌸🌸🌸🌸🌸

大寒櫻
🚶 🌸🌸🌸 📷 🌸🌸

建議順遊

秋葉原
新宿

1
2

龜戶中央公園 C 地區
適合帶孩童同行的晚開櫻景點

龜戶中央公園位在東京都江東區，被馬路及鐵道分為 A、B、C 三個區域，C 地區因為種了 50 多種、共 4,000 多棵的山茶花（秋冬盛開），讓龜戶中央公園成為東京都內小有名氣的山茶花景點。不過這裡我想介紹的是同樣位在 C 地區的八重櫻，這些櫻花圍繞著遊樂區盛開，在日常中增添了一絲夢幻氛圍。

適合闔家同遊

C 地區的八重櫻以濃粉紅色的關山櫻為主，其他還有一葉櫻、普賢象櫻等顏色比較淡一點的八重櫻點綴其中，

這一區還有溜滑梯、盪鞦韆、翹翹板等遊樂設施，種類滿豐富的，很適合帶小孩一同旅行的人前往。當我看著日本小孩在這樣被櫻花樹環繞的地方盡情跑跳，很羨慕他們能在如此美麗的環境中成長，更在心中暗自想著，未來若自己也有小孩，希望能帶著他一起在櫻花盛開時來到這裡玩耍。

另外，由於 C 地區與 A、B 地區中間有 JR 的鐵道經過，所以還可以聽到電車經過時的轟隆轟隆聲，也看得到總武線列車、連接東京及成田國際機場的成田特快列車，小朋友看到應該會很開心。

3

4

5

6

👍 觀光：🌸🌸🌸
　　交通：🌸🌸
📍 東京都江東區龜戶 9-37-27
🕐 24 小時
💲 免費
🚃 東武龜戶線「龜戶水神站」
　　步行 2 分鐘

適合賞櫻散步 & IG打卡

4月上旬	中旬	下旬

八重櫻
🚶 🌸🌸🌸　📷 🌸🌸🌸

1,2. 華美的八重櫻
3,4. 遊樂設施
5. 龜戶中央公園的地圖
6. 龜戶中央公園服務中心

龜戶中央公園 A 區也值得一訪

　　龜戶中央公園的 A 地區也種有染井吉野櫻，不過由於我還沒有在染井吉野櫻的季節前往過，所以單純分享出來供大家參考。在網路上查資料的時候，有看到染井吉野櫻的區域，也看得到東京晴空塔，若你主流景點早已都去過一輪，下次或許也可以安排到這裡賞櫻。

`Google Map` MRXP+R5 江東區

到訪時間參考
我到訪龜戶中央公園的那年，東京宣布 3/20 染井吉野櫻開花 (3/27 預測滿開)，而我在 4/13 到訪時開得正漂亮。

什麼時候去龜戶中央公園最好？

　　八重櫻一般晚染井吉野櫻一週盛開，不過它的花期比較長，最佳觀賞期持續個兩週也不是問題，所以不管你是不小心機票買比較晚，與染井吉野櫻擦肩而過，或是本來就沒有打算賞櫻，稍微錯開了旅遊的時間，但突然想碰碰運氣找點櫻花看，都還是可以過來瞧瞧。

建議順遊
東京晴空塔

1

👍 觀光：★★　　交通：★★★★

📍 東京都江東區東陽 5 丁目

🕐 24 小時

💲 免費

🚇 東京地下鐵東西線「木場站」1 號出口步行 5 分鐘

2

大橫川散步道
想體會初春氛圍？早點抵達吧

　　木場公園旁的大橫川兩旁有長長的步道，上面種了約有 100 棵左右的早開櫻花，能提早享受春日氛圍。櫻花會分三批盛開，最早的約在 2 月中滿開，最晚的則會開到 3 月中，觀賞期很長。雖然櫻花情報網站及江東區的網站，都說這裡的櫻花是河津櫻，不過我認為它們分別屬於三個不同的品種，因為不管是花的形狀、顏色、還是開花期間都不一樣。雖然我無法確定我的想法是否正確，但我將它們按照開花順序做介紹。

2月 上旬	中旬	下旬	3月 上旬	中旬	下旬

寒緋櫻或
河津正月櫻 🚶 ★★ 📷 ★★

河津櫻 🚶 ★★★★ 📷 ★★★

謎櫻 🚶 ★★★★ 📷 ★★★

寒緋櫻或河津正月櫻

2月中到2月底

在大橫川散步道種有櫻花的區間中，2 月中到 2 月底盛開的櫻花，網路上有一說，指其為寒緋櫻，又有一說指其為河津正月櫻。這裡的櫻花只有種短短的一排，樹的個頭矮矮的，就算盛開也不是很壯觀，但是當有小鳥在吃花蜜時，就能以較近的距離觀察，甚至是拍攝牠們可愛的身影。

1. 開花期各有不同
2. 櫻花並木
3. 朝下盛開的花朵
4. 櫻花與綠繡眼

Tips

── 推薦拍照時間或角度 ──

在豐木橋旁可以拍下櫻花與東京晴空塔

在前往寒緋櫻所在地的途中，前方是看得到東京晴空塔的，更棒的是，大家可以在豐木橋旁將寒緋櫻及東京晴空塔拍在一起喔！

Google Map MRF6+92 江東區

3

4

河津櫻 | 2月底到3月初

個人覺得最值得到訪大橫川的時期，就是河津櫻盛放的期間。其中，我特別鍾愛河津櫻滿開的後期，因為會碰上另一種顏色更深，但品種不明的謎櫻盛放，如此就能拍到雙色櫻花的風景，非常夢幻！

— 推薦拍照時間或角度 —

**在大橫橋上往木場站方向拍，
可以拍下雙色櫻花**

如同前面所述，在河津櫻花期來到後半時，較晚開花的紫粉紅色謎櫻正慢慢迎向滿開。站在大橫橋上往木場站方向看的話，就能將一粉一紫的雙色櫻花一起拍下。

Google Map MRF5+2W 江東區

謎櫻 | 3月初到3月中

除了前面提到的寒緋櫻及河津櫻外，這裡介紹的是品種不明的紫粉櫻花，這裡我稱呼它為謎櫻。它的顏色比較深，而且也比河津櫻晚開，花也不是單純的一輪（會有一些小花瓣），一直很好奇它是什麼櫻花，或是其實它根本就不是櫻花？不管它的真實身分究竟是什麼，這裡會介紹它，是因為它一樣很好拍。

Google Map MRF5+2W 江東區

1. 大橫川散步道的河津櫻
2. 不確定是否是河津櫻的謎之櫻花
3. 雙色櫻花
4. 謎櫻為偏紫的粉紅色，顏色比河津櫻要深
5. 水面倒影
6. 能將河津櫻與東京晴空塔一同拍下

什麼時候去大橫川散步道最好？

　　由於大橫川散步道的櫻花分三批盛開，觀賞期從 2 月中一路來到 3 月中，基本上只要在這一個月內到訪，都有機會看到漂亮的櫻花。若你有特別想要鎖定的賞花時期，可以上 X (舊 Twitter) 或 Instagram 用 Hashtag 觀察一下花況，再安排行程會比較保險。

建議順遊

木場公園
高田馬場
神樂坂
日本橋

1

2

三越前繡球花街道
逛街、賞櫻、打卡一次滿足！

靠近東京地下鐵三越前站、日本橋的本町及室町當中，有一條俗稱為「繡球花街道」（あじさい通り）的道路，雖然它是以繡球花為名，但目前這條路上並沒有什麼繡球花，而是在兩側種了阿龜櫻這種較少見的櫻花為路樹，盛開時的風景夢幻到就像假的景色，光看照片可能會以為是誰用 Photoshop 將樹葉全部改成粉紅色，不過這個景色實實在在存在於東京裡面。

三越前繡球花街道上的阿龜櫻綿延了 700 公尺左右，每年會在 3 月初到 3 月中盛開，由於作為路樹種植，所以間隔有疏有密，有些角度看起來真的

非常茂盛，不過就算是距離其他樹比較遠又比較小棵的阿龜櫻，也成為為周圍建築畫龍點睛的特別存在。另外，這幾年到訪時，街上總是在進行施工，中間道路的車流量也不小，大家若要前往，在散步時一定要多加留意自身安全。

👍 觀光：🌸🌸🌸🌸🌸🌸
　　交通：🌸🌸🌸🌸🌸🌸
📍 東京都中央區日本橋本町 1-13-8
🕐 24 小時
💲 免費
🚇 東京地下鐵銀座線、半藏門線「三越前站」A4 出口步行 2 分鐘

適合 賞櫻散步 & IG打卡

3月上旬	中旬	下旬

阿龜櫻
🚶 🌸🌸🌸🌸　📷 🌸🌸🌸🌸

1,5,6. 日常街道中的夢幻風景
2. 夢幻光影
3. 阿龜櫻近照
4. 阿龜櫻中的棕耳鴨

能滿足多種需求的優秀賞櫻地

　　我個人覺得東京的早櫻景點規模普遍偏小且選擇有限，但三越前繡球花街道的阿龜櫻稱得上是壯觀，交通也很方便，附近還有不少百貨公司，像是歷史悠久的日本橋三越總店、時尚新穎的 COREDO 室町等等，對觀光客來說可以有效率地一次完成賞櫻及逛街購物的需求。而這個區域也有很多辦公大樓，因此除了來購物的當地民眾及觀光客外，還能看到東京上班族的身影而多了份日常感，推薦愛拍照的朋友帶上相機前來訓練攝影眼。

　　我連續好幾年都有到這裡拍照，這條街可以說是我個人心中數一數二喜愛的賞櫻地點，每次來都會被周圍此起彼落的讚嘆聲給療癒，看著來往行人停下腳步，高舉手機、相機拍照的模樣，平時不太會有表情的面頰也常常不自覺地揚起了微笑。這條街，一定隱藏著什麼讓人感到幸福的神祕魔法！

建議順遊

金子半之助本店
日本橋三越總店
COREDO 室町
誠品生活
福德神社
銀座
清澄白河

江戶櫻街道
彷若歐洲，店家也充滿櫻花味

　　江戶櫻街道(江戶桜通り)是近年來非常有人氣的賞櫻景點，其中又以日本橋三越總店及三井本館之間的區間特別有名，帶有異國風情的建築，再搭配上盛開的櫻花，讓人宛若走進了任意門，從日本來到了歐洲國家。每年的3月中到4月初，這個區域還會舉辦SAKURA FES NIHONBASHI(日本橋桜フェスティバル)的聯合活動，不僅會進行夜間點燈，附近的餐廳也會推出櫻花相關的餐點，百貨地下街也會販賣別緻的賞櫻便當，有興趣的朋友在前往前，一定要上官網看看最新情報。

日夜皆美！下午到訪一次享受

　　這裡的櫻花白天晚上都很漂亮，不過最讓人著迷的還是晚上的點燈，粉紅色的燈光打在粉白色的染井吉野櫻上，讓它呈現出日間所沒有的魔幻、嬌媚感，雖然只是短短的一條路，卻能讓人來回走上好幾次。我滿推薦大家可以在下午的時段來到這裡，先欣賞白天的景色，再到附近的百貨公司逛街、用餐，等到晚上點燈，再出來領略它夜間的魔力！

　　不過，這個地點會讓人拍到欲罷不能的理由之一，我想兩旁的建築功不可沒。

3

4

5

6

👍 觀光：🌸🌸🌸🌸🌸
交通：🌸🌸🌸🌸🌸
📍 東京都中央區日本橋室町 2-1-1
🕐 24 小時
💲 免費
🚇 東京地下鐵銀座線、半藏門線「三越前站」A5 出口步行 1 分鐘

適合 賞櫻散步 & IG打卡

3月下旬	4月上旬	中旬

染井吉野櫻
🚶 🌸🌸🌸🌸 📷 🌸🌸🌸🌸🌸

1. 白天景致
2. 夜間風景
3. 江戶櫻街道
4. 許多人停下來拍照
5. 日本橋三越總店
6. 三井本館

近百年老百貨，日本橋三越總店建築

　　三越為日本著名的老舖百貨店，大家熟知的新光三越百貨，就是台灣的新光集團與日本的三越百貨合資經營的。日本橋三越總店的建築被指定為日本國家重要文化財，整體的建築風格為講求秩序和比例的文藝復興建築，外觀看上去十分富麗堂皇，它的樑柱及牆面滿是細節，遠遠地就能感受到它強大的氣場。

《半澤直樹》取景地，三井本館建築

　　三井本館也是日本國家重要文化財，建築樣式是強調宏偉、對稱的學院派建築風格，外牆是以茨城縣產的花崗岩打造，難以忽視的列柱則以科林斯柱式設計，因此它的柱頭雕刻也更華麗、更氣派。另外，這棟建築還是著名的日劇取景地，像是《半澤直樹》當中的東京中央銀行，其實就是用三井本館的外觀去合成出來的，許多劇迷都會特地到此打卡。

建議順遊
金子半之助本店
日本橋三越總店
COREDO 室町
誠品生活
福德神社
銀座
清澄白河

日本橋櫻花街道
櫻花紛飛的散步隧道

日本橋櫻花街道（日本橋さくら通り）是一條東京站與日本橋站之間的道路，總長約 220 公尺，兩旁種了 150 棵左右的櫻花樹，由於它是普通的兩線道，並不是特別寬敞，所以有些地方的櫻花樹是真的形成隧道的構造，頂著漫天的櫻花散步，實在是非常浪漫。

出發車站建議

雖然說日本橋櫻花街道的兩端分別是 JR 東京站及東京地下鐵日本橋站，不管從哪一個車站前往，只要找對出口一下就能抵達，但根據網路上的資料，目前靠近東京站那一側的櫻花樹，為了方便施工，所以已經移去大半。看到這裡大家應該會想，那我從日本橋站前往好像比較好，不過，這附近其實有一條無名的櫻花街道可以一起逛，規模更大、人卻更少。

這條無名的櫻花街道，介於日本橋高島屋 S.C. 與新龜島橋之間，總長約 750 公尺，不太清楚具體種了多少棵櫻花樹，不過真的是非常壯觀！如果大家未來要前來，可以將無名櫻花街道與日本橋櫻花街道一起走一遍。如此，我會推薦各位可以從東京站出發，一路逛到新龜島橋，或是在東京地下

👍 觀光：★★★★☆
🚆 交通：★★★★★

📍 東京都中央區八重洲1丁目、日本橋2丁目及日本橋3丁目

Google Map
MQJC+FM 中央區

🕐 24小時

💲 免費

🚃 JR「東京站」八重洲北口步行1分鐘；東京地下鐵銀座線或東西線、都營地下鐵淺草線「日本橋站」B3出口步行1分鐘

鐵「茅場町站」的1號出口或2號出口出來，往日本橋櫻花街道逛，會比較順路。

Google Map	MQJF+63 中央區、MQHJ+33 中央區

適合 賞櫻散步 & IG打卡

3月下旬	4月上旬	中旬

染井吉野櫻
🚶 ★★★★★
📷 ★★★★☆

1. 清幽的櫻花街道
2. 與日常為伍的櫻花
3. 鋪天蓋地，非常有詩意
4. 日本橋櫻花街道

Tips

── 推薦拍照時間或角度 ──

將相機畫面拉近營造壯麗感

把遠的物件拉近，能拍下具有空間壓縮感的照片，這個特點非常適合拍攝櫻花隧道，可以將現場的壯麗感忠實呈現、甚至是誇大表現。

建議順遊

日本橋高島屋
POKEMON CAFE
三井住友銀行日本橋支店
東京車站

👍 觀光：🌸🌸🌸　交通：🌸🌸🌸🌸🌸

📍 東京都文京區本駒込六丁目

🕐 9:00 ～ 17:00(最後入場時間 16:30)；櫻花夜間點燈一般會延長到 21:00 關門 (最後入場時間 20:30)

💲 ¥300、65 歲以上 ¥150(小學生以下、住在東京或在東京念書的國中生免費)

🚇 JR、東京地下鐵南北線「駒込站」步行 7 分鐘；都營地下鐵三田線「千石站」步行 10 分鐘

適合 賞櫻散步 & IG打卡

3月上旬	中旬	下旬

枝垂櫻
🚶 🌸🌸　📷 🌸🌸🌸

六義園
令遊客趨之若鶩的枝垂櫻

1. 人潮洶湧
2. 夢幻夜櫻
3. 壯觀的枝垂櫻
4. 可愛的粉色花朵

　　六義園是東京著名的枝垂櫻景點，園內樹齡約 70 年的枝垂櫻巨木，高 15 公尺、寬 20 公尺，每每盛開宛若粉紅瀑布傾瀉而下，讓許多人為了它專程遠道而來。在枝垂櫻盛開前後也會延長關門時間，並舉辦夜間點燈活動，讓人能欣賞枝垂櫻日夜截然不同的表情。另外，六義園規定枝垂櫻附近禁止使用腳架攝影，請大家留意。

推薦拍照時間或角度

建議選擇無風的日子前往

夜間拍攝由於光線不足，不管再怎麼調整 ISO 及光圈的數值，快門的速度都還是會比白天慢很多，而枝垂櫻又比較容易受風的影響而搖搖晃晃，若在強風的日子前往，就會拍到很多動感又朦朧的櫻花照，因此會建議大家盡量在風不大的時候到訪。

杜鵑、紅葉也繽紛的六義園

六義園為日本經典的迴游式庭園，參觀的動線大致上會環繞中間的池水一圈，讓遊客在高低起伏的地勢中以不同角度欣賞庭園的風景。除了春天的枝垂櫻外，六義園的杜鵑花 (4 月中到 5 月初) 及紅葉 (11 月底到 12 月初) 也十分有名。

排隊購票的建議

六義園的入口一般僅開放正門，但在枝垂櫻花期及紅葉觀賞期時，則會期間限定開放靠近駒込站的染井門，以分散人流。從駒込站下車的遊客，大多都會從染井門開始排隊，人龍總是非常可觀，這種時候推薦大家可以走到正門去排，通常人潮會稍微少一

點，雖然正門距離車站稍微遠了一些，不過枝垂櫻的位置也比較靠近正門，所以走過去也不會有損失。

什麼時候去六義園最好？

與染井吉野櫻相比，六義園的枝垂櫻比較早盛開，具體而言，每個階段大概都會早約一個禮拜的時間，因此六義園也是賞櫻機票買早了的旅人，可以優先安排的景點之一。

建議順遊

巢鴨
池袋
上野

諏訪山吉祥寺
粉紅壯麗的枝垂櫻大道

　　諏訪山吉祥寺位在東京都文京區當中，作為賞櫻景點是知名度還不高的地方。寺院的面積不小，也種了不少櫻花，像是大島櫻、染井吉野櫻、枝垂櫻等等，其中最讓人著迷的莫過於參道的粉紅枝垂櫻大道了，一般參道兩旁看到的多為染井吉野櫻，以枝垂櫻為主的地方，在東京實在是稀奇。不過境內滿大一部分是墓地，提供給會在意的人參考。

知名住宅區吉祥寺的起源故事

　　相信大家在看到這個寺院名時都覺得似曾相似，其實諏訪山吉祥寺與現在的人氣住宅區兼觀光地吉祥寺真的有關聯！首先先來聊聊諏訪山吉祥寺的歷史。

　　諏訪山吉祥寺的前身為吉祥庵，一開始是建於現在的皇居外苑和田倉門附近，接著搬遷到了現在的水道橋站周圍，名稱也改為諏訪山吉祥寺，沒想到在 1657 年卻不幸遇上將江戶燒掉大半的明曆大火，除了諏訪山吉祥寺的舊址被燃燒殆盡之外，在寺院外圍為參拜客提供各項服務的門前町也蕩然無存。

　　後來，諏訪山吉祥寺搬到了現在的地點，但過去在門前町做生意的人，

3

4

5

👍 觀光：🌸🌸🌸
　　交通：🌸🌸🌸
📍 東京都文京區本駒込
　　3-19-17
🕐 24 小時
💲 免費
🚇 東京地下鐵南北線「本駒
　　込站」步行 7 分鐘；都營
　　地下鐵三田線「白山站」
　　步行 12 分鐘

適合賞櫻散步 & IG打卡

3月下旬	4月上旬	中旬

染井吉野櫻
🚶🌸🌸🌸🌸 📷🌸🌸🌸🌸🌸

枝垂櫻
🚶🌸🌸🌸🌸 📷🌸🌸🌸🌸🌸

1. 諏訪山吉祥寺參道
2. 如粉紅瀑布的夢幻枝垂櫻
3,5. 粉粉白白的櫻花層層堆疊
4. 多品種櫻花

因為一些理由沒有辦法一同轉移過去，於是他們便搬遷到了五日市街道附近（現在的武藏野市），共同開墾了新的村落，並以吉祥寺為村子命名，這個名稱也一直保留到現在，成為目前我們所熟知的吉祥寺。看到這裡，以後若再被問到為什麼吉祥寺裡面沒有吉祥寺時，是不是就知道怎麼回答了呢？

什麼時候去諏訪山吉祥寺最好？

　　由於諏訪山吉祥寺境內有多種櫻花，光是枝垂櫻也有好幾個品種，有的比染井吉野櫻早開、有的又比較晚開，所以賞花期間也相對地長，考量到壯觀程度，個人推薦要在染井吉野櫻盛開後到八重櫻盛開前的這個時期到訪，才能看到比較多的櫻花。若是想欣賞參道的枝垂櫻大道的話，請在上述期間的後半前往。

建議順遊
巢鴨商店街

染井吉野櫻之里公園
給重度櫻花愛好者的私房景點

染井吉野櫻之里公園（染井よしの桜の里公園）位在東京都豐島區的駒込，是 2009 年新設的公園，裡面設置了供小朋友玩耍的溜滑梯及其他遊樂器材，是附近孩童放學後會聚集的地方之一，十分貼近當地居民的生活，非常推薦重度櫻花愛好者前來，因為這裡與染井吉野櫻的誕生有著深厚的淵源。除了公園內的幾棵染井吉野櫻外，附近的染井西福寺及街道也都種滿了櫻花，雖然風景非常夢幻，但卻少有人煙，是可以靜靜享受滿開櫻花的小眾景點之一。

染井吉野櫻之里公園源起

公園位處之地在江戶時代叫作染井村，有許多植木屋聚集於此，現在世界知名的染井吉野櫻，被認為是這裡的植木職人培育出來，而後被發揚光大的，因此駒込也被視作染井吉野櫻的發祥地。而染井吉野櫻之里公園便是當地為了保留這段歷史，並宣傳染井產的染井吉野櫻，才特別規畫出來的一個象徵性的基地。

另外，目前也在公園旁的土地進行染井吉野櫻的栽培，當櫻花成長到一定程度後，便會送往日本全國各地，以宣傳染井產的染井吉野櫻。

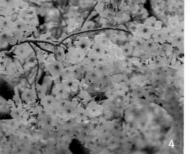

👍 觀光：★★★
　　交通：★★★
📍 東京都豐島區駒込 6-3-1
🕐 24 小時
💲 免費
🚇 JR「巢鴨站」、「駒込站」
　　步行 8 分鐘

適合 賞櫻散步 & IG打卡

3月下旬	4月上旬	中旬

染井吉野櫻
🚶 ★★★　📷 ★★

1. 可以帶小朋友來的小公園
2. 染井西福寺的櫻花大道
3. 江戶彼岸櫻
　（攝於豐川稻荷東京別院）
4. 大島櫻
5. 舊丹羽家住宅藏
6. 染井西福寺的櫻花大道

公園內的小巧思

乍看之下，染井吉野櫻之里公園與一般的公園並無分別，不過這裡面其實隱藏著一個小巧思，那就是除了染井吉野櫻外，裡面也特別種植了染井吉野櫻的父母：大島櫻及江戶彼岸櫻（一般認為染井吉野櫻為上述兩種櫻花的雜交種）。這樣的設計緊扣「誕生」的概念，作為一個熱愛櫻花的人，我為這樣的用心感到十分驚喜且感動。

給重度櫻花愛好者的景點推薦

若大家是從駒込站走過來，在染井西福寺的櫻花大道前，會經過一個名為舊丹羽家住宅藏的地方（丹羽家為江戶時代著名的植木屋之一），該土地目前作為區立公園對外開放，除了也看得到一些染井吉野櫻之外，公園角落的水泥倉庫還會在櫻花季期間限定公開，裡面展示了一些與植木屋相關的歷史文物及攝影比賽的得獎作品，喜愛櫻花、喜愛深遊日本的人，不妨繞進去瞧一瞧。

建議順遊

池袋

1

2

大
塚
、
池
袋
及
周
邊

👍 觀光：🌸🌸🌸🌸🌸　交通：🌸🌸🌸🌸🌸

📍 東京都豐島區上池袋 2-38-4

🕐 24 小時

💲 免費

🚉 JR「池袋站」東口步行 15 分鐘、從池袋站東口搭乘往淺草壽町的「草 63」公車，於「上池袋一丁目」下車步行 1 分鐘

📱 ▢ QR　📷 @koyasuinari
　　🐦 @koyasuinari

適合賞櫻散步 & IG打卡

3月上旬	中旬	下旬

河津櫻
🚶 🌸🌸🌸　📷 🌸🌸🌸

子安稻荷神社
古樸靜謐的小眾賞花神社

　　子安稻荷神社隱身在距離池袋站步行 15 分鐘左右的上池袋住宅區中，神社的面積不大，東、西、南三側的出入口各有一個鳥居，還沒走到裡面便讓人蕭然起敬。小小的境內種了不少花草樹木，除了這裡會重點介紹的河津櫻外，還看得到枝垂櫻、梅花及桃花。

1. 從公車站往神社走所看到的風景
2. 平日沒什麼人的神社境內
3. 精緻小巧的境內
4. 境內盛開的河津櫻
5. 停在梅花樹上的黃尾鴝

3

4

5

喜歡人擠人，這裡會是不錯的選擇。

關於花況，神社會在官方網站、官方 Instagram、官方 X（舊 Twitter）公告河津櫻的狀況，雖然不是每天更新，但也可以作為參考。

祈求安產、孩子健康長大的神社

根據官方網站所記載的傳說，子安稻荷神社的創建年分不明，但應該是在日本的天正年間（1573 ～ 1592 年），被德川家康的家臣、巢鴨一帶的管理者齋藤惣左衛門重新整修，才開始發揮神社的功能。會被稱作「子安稻荷」，據說是因為這個神社在 1715 年時，保佑許多孩童從傳染病康復而得名。因此這裡自古以來，就是附近居民祈求平安生產、育兒順利的能量景點，初宮詣、七五三等在日本孩童成長中的重大節日也會到這裡參拜。

清靜悠閒的 3 月賞櫻景點

這裡的河津櫻只有兩棵，一棵在鳥居後、一棵在拜殿前，和神社古色古香的建築相互輝映，成了令人流連忘返的風景。另外，子安稻荷神社知名度比較小，所以人也不多，如果你不

HEY!

認識日本傳統習俗

「初宮詣」是什麼？

在日本的傳統習俗中，會在小孩誕生後約一個月左右到神社參拜，這個儀式就叫作初宮詣，家長藉著這個機會向神明報告孩子的平安出生，並祈求之後健康成長。不同地域的初宮詣，依據參拜日、參拜成員、衣著會有不同的規定，但隨著時代變遷，初宮詣的參拜方式也越來越自由。

「七五三」是什麼？

七五三是日本男孩成長到 3 歲及 5 歲、日本女孩成長到 3 歲及 7 歲時，讓他們穿上和服到神社進行參拜、祈求平安長大的一個活動，以前會在當年的 11 月 15 日進行，現在則比較彈性。

建議順遊

池袋

法明寺參道
貓咪出沒注意！

　　法明寺是一座位在池袋的寺院，但它不在鬧區那一側，而是位在住宅區當中，周圍還有學校、公園、寺院神社等設施，是一個非常安靜的地方，彷彿感受不到時間的流逝，一待就是好幾個小時。據說從江戶時代開始，法明寺兩側種滿櫻花的參道就是著名的賞櫻景點，目前雖然名聲沒有那麼響亮了，但每年櫻花盛開時，還是會有不少人特地到訪，甚至可以看到很多拿著小凳子及素描本，在現場畫畫的當地民眾。

期間限定「櫻花祭」

　　在櫻花盛開的時期，法明寺也會舉辦櫻花祭的活動，這個時候參道兩旁的櫻花樹下會有一些販賣小吃的攤販，甚至會擺出桌椅讓大家買了直接品嘗，晚上也會舉辦點燈活動，喜歡夜櫻的旅人也可以在晚上前往。我到訪時由於沒有舉辦櫻花

祭，所以照片上才沒有燈籠及攤販的身影，以後若恢復各項活動，大家看到的風景會更加熱鬧有活力。

許多貓咪出沒的小天地

雖然法明寺參道的櫻花非常漂亮，不過此地還有一個深得我心的特色，那就是這裡很容易遇到貓咪！我在到訪前完全不知道這件事，後來上網查才發現不少日本人都會為了看貓咪，而到這一帶散步。

我是從參道入口一路拍到法明寺山門前時，注意到有貓咪經過，走進山門後，更發現地上擺了一些銀色的小盤子，後來還遇到了寺方的人員，正往盤子裡面放食物，旁邊的貓咪感覺都很熟悉了，一點都不害怕地走過去吃。雖然是如此，但是這些貓咪對於我這種訪客還是滿有警戒心的，稍微靠近一點想拍照，貓咪就立刻逃之夭夭了。如果你也喜歡貓咪的話，就算不是櫻花季，也是可以到這一帶走走逛逛喔！

👍 觀光：★★★
🚶 交通：★★★
📍 東京都豐島區南池袋 3-18-18
🕐 24 小時
💲 免費
🚇 JR「池袋站」東口、「目白站」步行 10 分鐘

適合 賞櫻散步 & IG打卡

3月下旬	4月上旬	中旬

染井吉野櫻
🚶 ★★★★　📷 ★★★

1,2. 來賞櫻的人們
3. 法明寺門口
4,6. 貓咪出沒
5. 法明寺山門內也有櫻花

5

6

建議順遊

鬼子母神堂
雜司谷
池袋
都電荒川線路面電車

南大塚三丁目
與路面電車相互輝映的花景

　　在大塚站附近的住宅區裡面，藏有一條櫻花大道，它的盡頭剛好是都電荒川線的鐵道（大塚站前與向原之間），能拍下櫻花隧道盡頭有路面電車奔馳而過的風景，近年有滿多日本的 Instagramer 前去取景，人氣與知名度都在節節上升中。在我前去拍攝時，沒有其他人在這裡拍照，僅有當地居民偶爾會路過，不僅沒什麼人流，馬路的車流量也很少，非常適合攝影。

「南大塚櫻花祭」每年都有不同主題

　　雖然這條路隱藏在住宅區當中，不過在染井吉野櫻盛開時，當地會舉辦南大塚櫻花祭（南大塚桜まつり），會在花期中為櫻花樹掛上燈籠，實施夜間點燈。另外，這個祭典活動由幾個組織共同舉辦，每一年都會推出不同的企劃活動，若喜歡熱鬧的話，事先查詢最新資訊，確定好活動日期，就可以瞄準那幾天前往，但若你跟我一樣，是以拍照為主要目的的話，還是避開比較保險。

Tips

推薦拍照時間或角度

帶上長焦鏡頭在轉彎處拍攝

　　由於這條道路並不是筆直的，而是ㄑ字形，所以並不需要站到馬路上，就能拍出彷彿站在馬路中間的效果。只是如此一來，與路面電車的距離就會增加，雖然用手機拉近拍攝也是可以，但顆粒感會比較明顯，因此建議若有長焦鏡頭，可以帶過來使用。

觀光：★★★
交通：★★★★★
東京都豊島區南大塚 3 丁目

Google Map
PPHH+9H 豊島區

24 小時
免費
JR「大塚站」步行 3 分鐘

適合賞櫻散步 & IG打卡

3月下旬	4月上旬	中旬

染井吉野櫻
🚶 ★★★★★　📷 ★★★★★

1,2,4. 顏色多樣的路面電車
3,5. 淨空的街道

找到確切拍攝地的方法

　　一開始我是在 Instagram 看到日本攝影師分享的照片，才知道東京有這樣一個地方，不過他們通常都不會明寫是在哪裡拍攝的，都要靠照片中的蛛絲馬跡去推理。這次我便是在照片中的電線桿，看到南大塚三個字，再到 Google Map 對照都電荒川線的路線，才定位到具體拍攝地。大家以後如果也遇到相同的狀況，可以如法炮製，或許也能找到正確的拍攝地。

　　都電荒川線的班次滿密集的，白天的時間，單一方向每 6 到 7 分鐘就會有一班車，這樣計算下來平均每 3 分鐘左右就會有一班車經過，能夠很有效率地拍到不同造型的車。

都電荒川線時刻表

建議順遊
池袋
巢鴨商店街

荒川赤羽櫻堤綠地
粉白色交織成東京最大規模春景

荒川赤羽櫻堤綠地位在東京都北區的荒川沿岸，是個種了 108 棵染井吉野櫻的賞櫻好所在。它的交通還算方便，若從上野出發，搭車加走路最快只要 30 分鐘就能抵達，但比較扣分的是整趟路程約三分之二屬於步行，可能會比較會辛苦一些，不過這裡的環境及特殊的風景讓我非常喜歡，因此也十分推薦大家在逛膩了大的櫻花景點後，可以到這個偏小眾的地方看看。

東京少見！與芝櫻共譜的美景

我會特地跑到荒川赤羽櫻堤綠地去賞櫻，一個很大的理由就是，旁邊的新荒川大橋綠地種了約 64,000 株的芝櫻，據說是東京都 23 區內最大規模！只要走到堤防底下，就能看到以芝櫻的深粉紅色為地、染井吉野櫻的粉白色為天的景致，這樣與其他花卉共譜的春日美景，是其他東京櫻花景點所沒有的，就因為這個特色，就算要走很多路才能抵達也值得。

另外，新荒川大橋綠地在這幾年，都有以不同顏色的芝櫻種出 KITA CITY（北區的意思）的文字，如果大家有時間走到河的對岸，就有機會拍下這個文字。最後想要補充一下，雖然芝櫻的名字當中有個櫻字，不過它

4

5

👍 觀光：★★
　　交通：★★★

📍 東京都北區赤羽 3-29 先
　　岩淵町 41 先

Google Map
QPQC+4X 北區

🕐 24 小時

💲 免費

🚆 JR「赤羽站」步行 15 分

適合賞櫻散步 & IG 打卡

3 月下旬	4 月上旬	中旬

染井吉野櫻

🚶 ★★★★　📷 ★★★★★

1. 整備完善的散步道
2. 綿延不絕的櫻花並木
3. 芝櫻盛開、櫻花走向尾聲
4. 寫有荒川的立牌
5. 芝櫻近照

Tips

推薦拍照時間或角度

相機鏡頭貼近芝櫻，再往櫻花方向拍照

如果到訪時，芝櫻跟櫻花的花況都不錯，就不需要這個樣子拍，但若芝櫻還沒完全盛開，就可以找一個開得還算茂密的區域，將相機靠近它，但鏡頭方向要對準櫻花，如此一來，畫面中實際拍到的芝櫻面積就能壓到最小（所以要找還算茂密的區域），但又由於前景深的模糊效果，就能營造出開了很多的感覺。

並不是櫻花喔！它只是外型和櫻花有點類似，實際上是完全不同的兩個品種。

什麼時候去荒川赤羽櫻堤綠地最好？

由於芝櫻的觀賞期落在 4 月初到 4 月底，所以在染井吉野櫻剛盛開的時候過來，就不是一個很好的安排，推薦大家可以抓染井吉野櫻滿開後一週的觀賞期的後半過來。

到訪時間參考

我到訪荒川赤羽櫻堤綠地的那年，東京宣布 3/24 染井吉野櫻開花（3/31 預測滿開），而我在 4/6 到訪此地，當時櫻花開始要走到尾聲，芝櫻則走向滿開。

建議順遊

池袋
新宿
上野

石神井川
不輸目黑川的板橋賞櫻名所

　　東京有不少沿著河川盛開的賞櫻名所，像是大名鼎鼎的目黑川、神田川，這裡要介紹的是另一條也常常被拿來與它們比較的石神井川，不過這裡的人潮又再少了一點，但櫻花的壯麗程度可以說是有過之而無不及，更被選為板橋十景之一（此板橋為東京都板橋區）。石神井川的櫻花盛開區間約 2 公里，位在板橋區的中板橋到加賀附近，共有 1,000 多棵的櫻花樹，主要是以染井吉野櫻為主，不過還是可以看到一些像是大島櫻、大寒櫻、山櫻等不同品種的櫻花。

夜間點燈「中板櫻祭」

　　另外，這裡在花季時，當地也會舉辦中板櫻祭 (なかいたさくら祭り) 的活動，中板橋商店街會請歌手或搞笑藝人來演出，或是販賣一些特別的商品，喜歡深度旅遊日本的旅人，不妨繞去看一看。晚上的話，石神井川也會點燈，喜愛夜櫻的旅人不要錯過了。

讓粉嫩的橋梁也入鏡

　　除了規模大、人不多等優點外，我覺得石神井川上的橋梁造型也都滿有

Tips

推薦拍照時間或角度

臉上沒樹枝就完美

只拍景也很棒

從步道或一座橋,拍向另一座橋

　由於石神井川上的橋梁很是上相,還滿推薦在拍照時將橋一起拍進去的。如果你有長焦鏡頭的話,很推薦可以請親朋好友站在橋上,而你站到另一座橋上幫他們拍照,如此就能將石神井川氣派的櫻花、可愛的橋梁、親愛的人物同時拍下。若你手上只有一般相機或手機的話,則可以嘗試看看在走道上拍,因為石神井川中間有一段比較蜿蜒,可以利用它的角度進行拍攝。不過這裡要請大家在拍照的時候,一定要將照片放大,確認有沒有樹枝剛好擋到人的臉唷!

👍 觀光:🌸🌸🌸
　　交通:🌸🌸🌸

📍 東京都板橋區中板橋ほか

🕐 24 小時

💲 免費

🚇 東京地下鐵三田線「新板橋站」步行 4 分鐘、東武東上線「中板橋站」步行 5 分鐘

適合**賞櫻散步 & IG打卡**

	3月下旬	4月上旬	中旬
染井吉野櫻 🚶	🌸🌸	🌸🌸	
📷	🌸🌸	🌸🌸	

1. 難得花比人多的櫻花景點
2. 櫻花花筏
3. 後面比較白的可能是大島櫻
4. 晚上燈籠會點燈

特色的,不僅圖案精緻,顏色也都粉粉嫩嫩的,拍起照來不會有違和感,反而十分協調。

安排行程的個人經驗分享

　我在資訊欄寫的兩個車站,分別在石神井川櫻花大道的兩側,如果從池袋站搭乘東武東上線在中板橋站下車比較方便,這樣一路逛到尾巴、接近新板橋站後,可以再搭乘三田線到本蓮沼站下車,這樣就能接到下一篇我要介紹的寶勝山南藏院!不過如果你本來就在三田線上玩,倒著安排讓旅程結束在池袋站也很不錯。

建議順遊

中板橋商店街
巢鴨商店街

1
2

寶勝山南藏院
年年更換主題，不可錯過的花祭

　　寶勝山南藏院是一座以枝垂櫻聞名的寺院，這裡的景致還被選為板橋十景之一（此板橋為東京都板橋區），是當地很有人氣的賞櫻景點，同個時期還能在境內欣賞枝垂桃、菊桃及枝垂梅，令人大開眼界。雖然每種花卉都只有一兩棵，境內面積也不大，但對愛花人士來說，看點非常多元，像我就在這裡逗留了兩個多小時。如果你也是很喜歡看花又很喜歡拍照的人，請預留多一點時間，才能充分享受它的美好環境。

日夜皆有看點的「花祭」

　　這裡的櫻花為八重紅枝垂，它與染井吉野櫻的花期相近（一般來說是稍微晚一點），大概也是在 3 月底 4 月初盛開，每年的這個時期，寶勝山南藏院會舉辦花祭（花まつり），白天會擺出大紅色的和傘及茶席，販賣抹茶及茶點，讓來訪的人可以一邊休息一邊品嘗，也會有簡單的小攤販，販

👍 觀光：🌸🌸🌸
🚃 交通：🌸🌸🌸🌸
📍 東京都板橋區蓮沼町 48-8
🕐 8:00 ～ 17:00
💲 免費
🚉 都營三田線「本蓮沼站」
　　步行 3 分鐘

適合 賞櫻散步 & IG打卡

3月下旬	4月上旬	中旬

枝垂櫻
🚶🌸🌸🌸　📷🌸🌸🌸🌸

1,2. 板橋十景之一的寶勝山南藏
　　院枝垂櫻
3. 枝垂桃花
4. 菊桃
5. 繽紛的境內
6. 枝垂桃花下品嘗抹茶及小點心

賣一些御守或紀念品；晚上則會舉行夜間點燈，讓大家觀賞與日間截然不同的風景，十分魔幻。

　　另外，寶勝山南藏院也會在花祭當中慶祝佛誕，不同於台灣是將農曆 4 月 8 日視為釋迦牟尼的生日，日本則是慶祝國曆的。在這一天，境內除了會進行一些傳統儀式外，晚上還會在本堂舉辦演奏會，很是特別。不過每一年的活動內容都不盡相同，詳細資訊還請在到訪前到官網查看公告。

什麼時候去寶勝山南藏院最好？

　　寶勝山南藏院的枝垂櫻花期，跟前一篇介紹的石神井川也有重疊，有時間的話可以安排在前後踩點。不過這裡會比較推薦是在染井吉野櫻盛開的後半段，再將寶勝山南藏院納入行程當中，因為八重紅枝垂的開花狀況，一般來說都會晚染井吉野櫻一些，如果在染井吉野櫻剛剛盛開就跑去，也有可能只能看花苞，這樣就太可惜了。

建議順遊
石神井川
巢鴨商店街

1

2

播磨坂櫻花道
日常之中，賞櫻也賞藝術

　　播磨坂是東京都文京區內住宅區的一條寬敞的坡道，其名稱來自於江戶時代的領主松平播磨守，由於他的居處就在這附近而得名。播磨坂在 1960 年進行了地面的鋪裝工程，於此同時區內還發起了種花運動，於是當地居民便在此地種起了櫻花，經過長年的栽培及照顧，目前在長 500 公尺的道路上，據說有 120 棵的櫻花樹。這些櫻花樹主要以染井吉野櫻為主，不過也有其他的品種，其中最特別的就是黃綠色的鬱金櫻，只是這種櫻花會比較晚開，想要看它也需要一點運氣。

接受藝術薰陶的「分隔島綠道」

　　雖然以櫻花的數量及綿延的長度來說，播磨坂櫻花道的規模並不是很大，不過我覺得這裡是一個很有特色的地方，像是馬路中央一般會設置分隔島的部分，在這裡竟然加寬打造出了一條綠道，除了供居民散步休憩外，也在上面擺放了許多的雕刻作品，讓大家能夠在日常生活中接觸到藝術，這些擺飾也為播磨坂的風景增添了些許文藝氣質。

　　另外，由於這條坡道的構造特殊，播磨坂的櫻花樹是種了三列的，遊走

👍 觀光：★★
　　 交通：★★★
📍 東京都文京區小石川 4、5 丁目境
🕐 24 小時
💲 免費
🚇 東京地下鐵丸之內線「茗荷谷站」步行 7 分鐘

適合 賞櫻散步 & IG打卡

3月下旬	4月上旬	中旬

染井吉野櫻
🚶 ★★★★★　📷 ★★★★★

1. 舒適平坦的散步道
2. 住宅區中的櫻花大道
3. 三列櫻花
4. 櫻花道上的雕像
5. 文京杜鵑花祭
6,7. 文京繡球花祭

在其中，被櫻花籠罩的感覺更加強烈，從頭尾向櫻花道看，三列櫻花樹並排的風景也非常稀有。

文京花祭五大祭典之一「文京櫻花祭」

每年在播磨坂櫻花道的櫻花盛開期間，文京區就會舉辦文京櫻花祭 (文京さくらまつり)，這個活動是文京花祭五大祭典 (文京花の五大まつり) 之一，其他四個活動分別是根津神社的文京杜鵑花祭、白山神社的文京繡球花祭、湯島天滿宮的文京菊花祭及文京梅花祭。

文京櫻花祭每年約在 3 月底 4 月初舉辦，在活動期間的一個週末，會設置步行者天國，讓大家可以走上馬路賞櫻，除此之外，也會舉辦一些表演活動，一同慶祝春天的到來。

建議順遊
東京車站
銀座
新宿

東長崎站附近的鮫洲大山線
適合漫步,不為人知的超私密景點!

　　鮫洲大山線是東京都中一條馬路的名字,它距離西武鐵道的東長崎站不遠,從池袋站出發,搭電車加走路約 10 分鐘就能到達,是很方便前往的地方。這條馬路的兩旁種了不少八重櫻,但還不太為人所知,我也是偶然搜尋到某房仲介紹某住宅附近環境的文章,才知道原來能到這裡賞櫻花!

　　以目前的 Google 搜尋結果來看,這條路並未以櫻花景點的身分被日本人認識,但這裡的櫻花盛開起來非常華美,再加上幾乎只有附近居民會在這裡走動,我個人覺得特別適合喜歡散步、喜歡小眾景點、喜歡拍下屬於自己獨特角度的旅人前往。

到訪時間參考
我到訪鮫洲大山線的那一年,東京宣布 3/20 染井吉野櫻開花(3/27 預測滿開),而我在 4/11 到訪此地,當時開得正漂亮。

什麼時候去
鮫洲大山線最好?

　　鮫洲大山線兩旁的八重櫻以濃粉紅色的為主、淡粉紅色的為輔,這裡的櫻花大概在染井吉野櫻觀賞期結束後一週滿開,比較無法當作錯過染井吉野櫻花期時的旅行備案,但若你有意規畫一趟以八重櫻為主的東京賞櫻行,就可以考慮將這裡列入你的行程當中。

👍 觀光：🌸🌸
交通：🌸🌸🌸🌸

📍 東京都豐島區長崎 6-1-16

🕐 24 小時

💲 免費

🚃 西武鐵道池袋線「東長崎站」步行 6 分鐘

適合 賞櫻散步 & IG打卡

4月上旬	中旬	下旬

八重櫻

🚶🌸🌸🌸 📷🌸🌸🌸

1,2,3,4. 居民獨享的美麗環境
5. 圓滾滾的八重櫻

Tips

—— 推薦拍照時間或角度 ——

由千川步道橋看到的景色

在千川步道橋，就能拍下兩側的櫻花

　要拍這種兩側種滿櫻花的道路，就需要一個能夠安全站在道路中間的地點，很幸運的是，鮫洲大山線上有一座天橋能滿足這樣的需求。這座天橋叫做千川步道橋，位在豐島長崎六郵局（豐島長崎六郵便局）附近，只要用底下地址導航就能夠找到。

Google Map　豐島長崎六郵局

建議順遊

池袋

常盤台天祖神社
錯過大型賞櫻地？來這裡朝聖吧

　　常盤台天祖神社是一個交通很方便的小神社，從池袋站搭電車出發再步行，只要 10 多分鐘就能抵達！或許是因為這個神社被許多大樹包圍，境內地面宛若光與影的遊戲場，站在入口向裡面望，便能感受到一股神聖的氣息。穿過鳥居及參道後，就能看到一棵十分高大的八重櫻，如果你不小心錯過了染井吉野櫻的花季，就可以來常盤台天祖神社逛逛，喜歡祕境感的人，一定會喜歡這裡。

1. 常盤台天祖神社門口
2. 蓊鬱的境內
3. 巫女
4. 櫻花近照
5. 天祖神社大燈籠
6. 親人的 TORAKO

貓咪出沒的參道

　　在我走進常盤台天祖神社後，就在參道上遇到一隻貓，牠還用身體及尾巴在我腳邊蹭了蹭，讓我整顆心都融化了，對這個神社的評價也直接突破天際。我遇到的這隻貓好像叫作「TORAKO」（とらこ），不確定是否是神社所飼養的貓咪，不

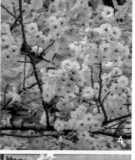

👍 觀光：🌸🌸
　　交通：🌸🌸🌸🌸🌸
📍 東京都板橋區南常盤台 2-4-3
🕐 24 小時
💲 免費
🚉 東武東上線「常盤台站」南口步行 1 分鐘

適合 賞櫻散步 & IG打卡

4月上旬	中旬	下旬

八重櫻
🚶🌸🌸🌸 📷🌸🌸🌸🌸🌸

過感覺經常出現在這裡，因為網路上也找得到幾篇部落格文章有寫到牠。另外，根據神社官方推特的發文，除了 TORAKO 之外，還有其他幾隻貓咪也偶爾會到神社露臉，如果你是貓控的話，就算非櫻花季也可以到這裡朝聖一下。

什麼時候去常盤台天祖神社最好？

常盤台天祖神社的八重櫻花期，與染井吉野櫻相比大概晚了 10 天左右，又由於一般都說染井吉野櫻在滿開後約有一週的觀賞期，所以照這個天數去計算，染井吉野櫻的滿開期結束後三天，就輪到常盤台天祖神社的櫻花盛開。

因此我覺得這裡非常適合原先打算看染井吉野櫻、但機票不小心買比較晚的旅人，雖然不到無縫接軌，但與其他八重櫻相比，算是比較早迎接盛開的地點，在大的賞櫻景點已經都不漂亮的時候，不妨速速考慮將行程改到這裡吧！

到訪時間參考

我到訪常盤台天祖神社的那一年，東京宣布 3/20 染井吉野櫻開花（3/27 預報滿開），官方 IG 於 4/7 宣布滿開，我在 4/11 到訪此地，遇到超夢幻櫻吹雪。

建議順遊
池袋

新宿及周邊

👍 觀光：★★★★★　交通：★★★★★
📍 東京都新宿區內藤町 11 番地
🕐 10/1 ～ 3/14：9:00 ～ 16:00；3/15 ～ 6/30 及 8/21 ～ 9/30：9:00 ～
17:30；7/1 ～ 8/20：9:00 ～ 18:30（12/29 ～ 1/3、每週一公休；3/25 ～
4/24 及 11/1 ～ 15 期間無休）
💲 一般 ¥500、65 歲以上及高中以上的學生 ¥250、國中生以下免費
🚇 東京地下鐵丸之內線「新宿御苑前站」出口 1、東京地下鐵副都心線「新宿三
丁目站」E5 出口、都營地下鐵新宿線「新宿三丁目站」C1 或 C5 出口步行 5
分鐘；JR「千駄谷站」步行 5 分鐘；都營大江戶線「國立競技場站」A5 出口
步行 5 分鐘

1. 新宿御苑的庭園風光
2. 滿開的八重櫻與背景的
   NTT DoCoMo 代代木大樓
3. 櫻花季的新宿御苑門口

新宿御苑
賞花、拍照一次滿足

　　新宿御苑裡面有各式各樣的花草樹木，四季擁有不同的面貌，是我非常喜愛的賞櫻地。這裡有高達 68 種、約 1,000 棵的櫻花，所以賞櫻時期比較長，約持續 2 個月，當你不知道去哪裡賞櫻時，可以直接前往新宿御苑，因為就算沒有遇上染井吉野櫻的最佳觀賞期，也看得到其他櫻花，雖然規模不一定大，但至少不會撲空！

新宿御苑的入園規範

　　首先，新宿御苑禁止遊客帶酒，園方也禁止遊客攜帶如腳踏車、空拍機、各種球類、飛盤、風箏等會影響其他人的物品，再來就是帳篷這種會破壞景觀的東西也不行攜帶。入園前工作人員會簡單檢查隨身物品，確定沒有違禁物品才能進場。

2月 下旬	3月 上旬	中旬	下旬	4月 上旬	中旬	下旬

早開櫻 🚶 🌸🌸 📷 🌸🌸

染井吉野櫻 🚶 🌸🌸🌸🌸🌸 📷 🌸🌸🌸🌸

八重櫻 🚶 🌸🌸🌸🌸🌸 📷 🌸🌸🌸🌸

138

早開櫻　2月底到3月底

新宿御苑從 2 月中開始就陸續有櫻花開花，打頭陣的會是 2 月底 3 月初迎向滿開的河津櫻，3 月中之後開始會有寒緋櫻、高遠小彼岸櫻等許多品種盛開，不過數量不多、位置也比較零散，所以這個時期，我會比較推薦本書介紹的其他早櫻景點

染井吉野櫻　3月底到4月初

從染井吉野櫻迎向滿開開始，新宿御苑的櫻花景致也慢慢走向巔峰，這個時期也是野餐的高峰期，人多的時候連要通行都會有點辛苦，園內密密麻麻的人潮也是一絕。另外，若要野餐，強烈建議一定要帶野餐墊，因為這裡的草很容易卡上衣物。

1

2

3

八重櫻　4月初到4月底

　　根據官方的資料，園內 1,000 多棵的櫻花樹當中，約有三分之一是八重櫻。在這當中，又以淡粉紅色的一葉櫻為大宗，不過深粉紅色的品種數量也不少。在 4 月底時，外面少見的菊櫻也會滿開，這種櫻花花瓣超多，圓滾滾的非常可愛。

1. 染井吉野櫻花期洶湧的野餐人潮
2,3. 染井吉野櫻盛開時，新宿御苑內還有多種櫻花盛開
4. 八重櫻花季還是不少人來野餐
5. 與河津櫻合照
6. 花瓣超過 300 片、於 4 月底盛開的兼六園菊櫻

建議順遊

澀谷

新宿下落合冰川神社
2、3月賞櫻,5月吃果實

　　新宿下落合冰川神社內種有一棵河津櫻,是能提早享受春日氛圍的小眾景點,雖然稱不上壯觀,但這棵河津櫻的樹勢向左右延伸,盛開起來也足以為樹下的人撐起一片粉紅色的天空。這個神社位在一個被住宅區及學校包圍的地段,從車站步行前往,一路上行人越來越少,抵達後,除了神社前的補習班有一群學生及接送的家長外,基本上境內沒有什麼人,是一個可以按照自己步調、不怕被他人打擾的小天地。

「吃果實」享受河津櫻

　　每年的5月左右,河津櫻的果實便會成熟,這個時候神社會在網路上發出公告,邀請大家

Tips
—— 推薦拍照時間或角度 ——

面對鐵軌拍攝西武電車經過的瞬間

　　新宿下落合冰川神社就位在西武鐵道沿線,鐵軌那一側剛好有設置鳥居,且河津櫻也是種在鳥居旁邊,可以瞄準電車經過的時間,將這三者拍在一起。

👍 觀光：🌸🌸🌸🌸
交通：🌸🌸🌸🌸
📍 東京都新宿區下落合 2-7-12
🕐 24 小時
💲 免費
🚉 西武新宿線「下落合站」步行 5 分鐘；JR、西武新宿線、東京地下鐵東西線「高田馬場站」步行 7 分鐘；JR「目白站」步行 10 分鐘

前來品嘗河津櫻所結出的果實，並表示神職人員每天都有吃。雖然他們也闡明，河津櫻的果實吃起來並不會甜，要大家不要對味道有太多的期待，不過畢竟是大自然的產物，絕對會成為一個有趣的體驗。

　　社方在河津櫻結果的時期，還會準備梯子方便遊客採摘，也會設置垃圾桶。另外，大家要摘的話，據說要選黑色的果實，紅的、橘的、黃的都還未成熟，味道可能會更加地令人印象深刻也不一定。

新宿下落合冰川神社主要拜什麼？

　　目前神社內供奉著三尊神明，分別是消災解厄開運招福的素盞嗚命、保佑全家安康的奇稻田姬命、以及祈求病癒或學問的大國主命，大家來到這裡賞櫻之餘，也可以針對這些項目進行祈願。

適合 賞櫻散步 & IG打卡

2月下旬	3月上旬	中旬

河津櫻
🚶🌸🌸　📷🌸🌸🌸

1. 神社旁十分茁壯的河津櫻
2,3. 境內還有種梅花
4,6. 神社本殿
5. 被小鳥咬下來的河津櫻

建議順遊

高田馬場、新宿
池袋、新大久保

1

神田川沿岸櫻花大道
樸實靜謐的小天地

高戶橋

2

作為賞櫻景點，神田川經常被拿來與目黑川比較，它的沿岸兩側或多或少都有種植一些櫻花，但一般來說還是以高戶橋（豐島區）到江戶川橋（文京區）的這個區間最有人氣。在櫻花盛開之際，這一帶也會進行夜間點燈的活動，不過雖然它的風景和目黑川類似，但整體的氛圍就靜謐了不少，其中一個優點是遊客並沒有目黑川那麼多，另一個是神田川沿岸幾乎沒有什麼小攤販，逛起來也格外樸實。底下帶大家看看沿途的幾座橋梁的風景。

Google Map PP76+WJ 豐島區

Google Map PP6J+6H 文京區

高戶橋與都電荒川線的鐵路重疊，雖然櫻花樹只有一側，看起來也不是太茂密，不過在那邊能夠欣賞如玩具般的路面電車駛過的風景，是我很喜歡的攝影角度之一。白天的話，都電荒川線的路面電車約 5 到 6 分鐘就會有一個班次，所以就算想要多拍幾台，也不會太花時間。

3

4

5

6

👍 觀光：🌸🌸
　　交通：🌸🌸🌸🌸🌸
📍 東京都豐島區高田 2-1-16
🕐 24 小時
💲 免費
🚃 都電荒川線「面影橋站」
　 及「早稻田站」、東京地
　 下鐵有樂町線「江戶川橋
　 站」

適合 賞櫻散步 & IG打卡

3月下旬	4月上旬	中旬

染井吉野櫻
🚶 🌸🌸🌸🌸🌸 📷 🌸🌸🌸🌸🌸

1. 曙橋上壯觀的櫻花樹
2. 高戶橋是拍攝路面電車的絕
   佳地點
3. 能以自己的步伐慢慢賞櫻的
   神田川
4. 路上還掛著可愛的燈籠
5,6. 面影橋、三島橋、仲之橋
   的櫻花

曙橋

　　離開高戶橋，繼續往東邊走，就會抵達另一座名叫曙橋的地方。這裡的櫻花樹非常大棵，粉白色櫻花往河川傾瀉而下所帶來的視覺震撼，讓人流連忘返。而且雖然這裡的風景與目黑川非常相似，但人潮可能根本不到十分之一，這樣的賞花品質也令人非常感動。

面影橋到江戶川橋

　　面影橋、三島橋與接下來的仲之橋的櫻花非常密集，鋪天蓋地的大規模，讓許多人會跳過前面幾座橋，直接從這裡開始賞櫻之旅。若大家對路面電車沒有太大興趣，推薦可以直接從面影橋站開始賞櫻。從這裡再往下走約 1.5 公里就會抵達江戶川橋，聽說這段路上就會有一些小吃攤販出沒，喜歡日本祭典氛圍的旅人可以注意一下。

建議順遊

高田馬場
都電荒川線沿線
池袋

常圓寺
富有質感及層次的夜間點燈

常圓寺位在西新宿，境內靜謐的氛圍，讓人很難想像這附近就是新宿，寺院建築完全擋不住林立的高樓大廈，能感受傳統與現代並存。裡面種了幾棵染井吉野櫻及枝垂櫻，雖然只有4、5棵的規模，但每一棵樹都很高聳，盛開起來非常壯觀，隨風搖曳的姿態令人印象深刻，完全不像生長在都市中的樹木。

櫻花季的夜間點燈

在櫻花盛開的時節，常圓寺會在日落後進行夜間點燈，總是會吸引很多人特地到訪。不過，櫻花點燈的舉辦日期不定，寺方會根據櫻花的狀況，在官方網站進行公告，通常只會持續4到5天，想看夜櫻的話，一定要先上官網查看。

Tips

── 推薦拍照時間或角度 ──

櫻花更加壯觀

走上本堂拍攝

除了在地面上一面散步一面欣賞，推薦大家可以走上本堂，就能完整地將境內高大的櫻花樹拍下。

👍 觀光：🌸🌸🌸🌸🌸
　　交通：🌸🌸🌸🌸🌸
📍 東京都新宿區西新宿
　　7-12-5
🕐 24 小時
💲 免費
🚃 JR「新宿站」西口步行 6
　　分鐘；東京地下鐵丸之內
　　線「西新宿站」E8 出口步
　　行 1 分鐘

適合 賞櫻散步 & IG打卡

3月下旬	4月上旬	中旬

枝垂櫻 & 染井吉野櫻
🚶 🌸🌸🌸 📷 🌸🌸🌸

1. 境內的枝垂櫻點燈風景
2,6. 門口粉色白色交錯的櫻花點燈
3. 常圓寺外的新宿街景
4. 山門所掛的燈籠非常帥氣
5. 被大樓圍繞的境內

　　個人覺得常圓寺的點燈很有格調，特別是門口前的染井吉野櫻，分別使用了粉紅燈及白燈，打造出富有層次的景觀，讓夜間的櫻花不會顯得詭異，反而還流露出一股可愛的氛圍。境內的櫻花則打上了一般的黃色光線，不走譁眾取寵的路線。

常圓寺枝垂櫻

　　據說常圓寺的枝垂櫻與小石川傳通院及廣尾光林寺的櫻花齊名，三者被稱作「江戶三木」，從過去就是小有名氣的櫻花樹。

什麼時候去常圓寺最好？

　　常圓寺的枝垂櫻比染井吉野櫻稍微早開一點，兩者的花期會重疊幾天，若能在這段時間前往，就能欣賞到最佳的景致。因此，推薦大家在正式宣布染井吉野櫻開花後第 6、7 天之後前往，也就是染井吉野櫻剛滿開、枝垂櫻處在滿開後期的時候。

建議順遊

新宿
澀谷
原宿
代代木公園

1,2. 從櫻花大道往電車方向拍攝
3. 到訪時吹起一陣又一陣的櫻吹雪

上北澤櫻花大道
世田谷百景之一

　　上北澤站南側有一條櫻花大道，它被選為世田谷百景之一，長約 250 公尺、約有 50 棵櫻花，它的前方正好是京王電鐵的平交道，所以能看到各色各樣的京王電車行駛而過！這樣的風景十分夢幻，但卻是日本人生活中再普通不過的日常，讓人很是羨慕他們四季分明的環境。

被選為世田谷百景的理由

　　這條櫻花大道又被稱作肋骨街道（肋骨通り），因為它的兩側分別有四條斜向的小路，以上帝視角來看的話，這些道路就像肋骨一般，這個特殊的空間規畫，便是它被選為世田谷百景的理由之一。

　　除了有肋骨街道這樣特殊的稱呼之外，這條櫻花大道的兩側，還是當地著名的高級住宅區，雖然現場賞櫻的人不少，但大家都很安靜，一起守護著這片住宅區的靜謐與秩序。

櫻花祭

　　這裡也會舉行櫻花祭的活動，時間一般都在 4 月的第一個週末舉辦，會有攤商過來賣小吃，也會搭設舞台進行演出，如果你喜歡這種熱鬧的氛圍，推薦大家一定要事先上官網確定活動

Tips

推薦拍照時間或角度

普通拍攝

從平交道往櫻花大道望

將鏡頭拉近櫻花多電車也更清楚

從隧道裡面拍攝京王電車經過的瞬間

　　大家在取景的時候，請記得往裡面多走一些，然後將畫面拉近拍攝，如此便能利用空間壓縮感，拍下更多櫻花、捕捉更加震撼的景色。

👍 觀光：★★
　 交通：★★★★★
📍 東京都世田谷區上北沢3丁目
🕐 24 小時
💲 免費
🚃 京王電鐵「上北澤站」步行 1 分鐘
▣

適合賞櫻散步 & IG打卡

3月下旬	4月上旬	中旬

枝垂櫻 & 染井吉野櫻
🚶 ★★★ 📷 ★★★★

資訊，但若你和我一樣比較想拍照的話，建議要先確定櫻花祭的日期，這樣才能避開人潮。

染井吉野櫻之外的櫻花

　　上北澤的櫻花大道原本全部都是染井吉野櫻，不過負責維護這些櫻花的志願者發現，有些染井吉野櫻因為土壤含有亮菌而枯萎，在諮詢過樹木醫生後，便在 2014 年種下了白妙櫻，2015 年及 2016 年則新種了神代曙櫻，前者屬於八重櫻的一種，所以會比較晚開，後者的花期則與染井吉野櫻相近，但它的顏色又稍微粉了一點，因此這條櫻花隧道的顏色更加繽紛。

建議順遊
新宿

蘆花恆春園
高遠小彼岸櫻人氣景點

蘆花恆春園又稱作蘆花公園，是京王電鐵京王線沿線景點之一，從新宿站出發約 25 分鐘可以抵達。公園種了很多不同品種的櫻花，像是大島櫻、染井吉野櫻、枝垂櫻及八重櫻等，不過這裡最有名的是高遠小彼岸櫻，它的位置在園內的花之丘（花の丘）。

`Google Map` PRQ7+227 荒川區

這些高遠小彼岸櫻是長野縣高遠町所贈的，雖然數量不多，但因為有集中種在一區，盛開起來非常漂亮。在我初次到訪時，櫻花樹下聚集了滿滿的野餐人潮，也有許多小孩在這裡跑跳，我想這個公園應該是附近居民的人氣賞櫻地。另外，由於園內有簡單的遊樂設施，所以除了一般遊客，也很適合帶小朋友旅行的小家庭。請注意：疫情後禁止野餐，未來若要前往，請查詢最新規定。

蘆花恆春園的由來

這塊土地原先是日本著名小說家德富蘆花先生的家，小說《不如歸》、隨筆小品集《自然與人生》是他的代表作，不知道你有沒有讀過？當時他將這裡命名為恆春園，並與妻子一起在此度過了後半生。在他過世後，其

👍 觀光：🌸🌸🌸
　　交通：🌸🌸
📍 東京都世田谷區粕谷
　　1-20-1
🕐 24 小時
💲 免費
🚇 京王電鐵京王線「蘆花公
　　園站」、「八幡山站」步
　　行 12 分鐘

適合 賞櫻散步 & IG打卡

3月下旬	4月上旬	中旬

高遠小彼岸櫻
🚶 🌸🌸🌸🌸 📷 🌸🌸🌸🌸🌸

1,2. 賞櫻野餐的人潮
3. 蘆花恆春園的牌子
4. 高遠小彼岸櫻
5,6. 種有多種花卉的蘆花恆春園

夫人將這塊地捐贈給了東京都 (當時為東京市)，之後在 1938 年 2 月作為公園對外開放。

目前除了兒童公園、花草綠地、運動廣場外，這裡面也保存了這位大文豪的舊居、夫人的居所、夫妻的墓地，還建造了一座收藏原稿、作品、遺物的蘆花紀念館供民眾參觀。

什麼時候去蘆花恆春園最好？

東京的高遠小彼岸櫻約在 3 月底左右滿開，以順序來說，它會在染井吉野櫻宣布開花到滿開中間達到最佳觀賞期，所以當你看到染井吉野櫻還很多花苞，建議你果斷更改行程來到蘆花恆春園。

另外，京王線上有不少地點的櫻花，都在上述的區間盛開，因此很推薦大家在這個時期，走訪右邊我所整理的景點。雖然它們不是非常主流的景點，櫻花的規模也比較小，但至少在染井吉野櫻還未盛開時，這些地點的櫻花則會是滿開。

京王線微早櫻一日遊 (新宿出發)

府中站：
大國魂神社 (枝垂櫻)

多磨靈園站：
東鄉寺 (枝垂櫻)

調布站：
神代植物公園 (神代曙櫻)

八幡山站：
蘆花恆春園 (高遠小彼岸櫻)

適合賞櫻散步 & IG打卡

中野

👍 觀光：★★★★★
交通：★★★★☆
📍 東京都中野區中野 5 丁目～松が丘 2 丁目
🕐 24 小時
💲 免費
🚉 JR「中野站」北口即達
📱 [QR code]

	3月下旬	4月上旬	中旬
雅櫻 🚶★★ 📷★★★	▬▬		
染井吉野櫻 🚶★★★★★ 📷★★★★★		▬▬▬▬	

中野街道
既熱鬧又日常，即將消失的美景

　　從中野站北口一路向北綿延兩公里的中野街道，兩側種了約 300 棵的染井吉野櫻，是熱鬧但又不失日常感的櫻花景點。這附近有商店街、也有種不同櫻花的神社可以去，對觀光客來說，是一個擁有豐富看點的地方。

即將消失的打卡美景

　　不知道你有沒有看過一張櫻花隧道盡頭，駛過西武鐵道經典的黃

2

3

4

5

1. 中野街道最經典的風景之一
2. 圖 1 的拍攝地新井五丁目步道橋上的賞櫻拍照人潮
3. 新井藥師梅照院門口的染井吉野櫻及雅櫻
4. 新井天神北野神社鳥居兩旁高聳的雅櫻
5. 中野商店街 Sun Mall

色列車的畫面呢？這個拍攝地，就在靠近新井藥師前站的「新井五丁目步道橋」上，近年來，這個地方已經是櫻花季的兵家必爭之地，就算不是鐵道迷，也都為了這片景致前來。

不過，因為西武鐵道正在進行鐵路的地下化工程，所以這個風景預計會在 2026 年成為絕響，還沒實際到訪過的朋友叫要抓緊機會。

推薦染井吉野櫻滿開時造訪

新井天神北野神社

從中野站北口往新井藥師前站散步，途中會經過種有雅櫻的新井天神北野神社，雖然境內只有兩棵雅櫻，但種的位置很好，能與鳥居一同入鏡。

雅櫻以日本雅子皇后的名字命名，且它比染井吉野櫻早開一點點，通常在正式宣布染井吉野櫻「開花」（標準木開 5 到 6 朵花）後的兩三天，雅櫻就會是盛開的狀態。因此就算染井吉野櫻還沒完全盛開，還是可以到新井天神北野神社看看。

新井藥師梅照院

從新井天神北野神社步行兩分鐘就會抵達的新井藥師梅照院，在門口及境內各有一棵雅櫻，據說當初是為了記念「愛子公主」的誕生，才會植樹。

建議順遊

中野 Sun Mall 商店街
中野百老匯、新宿
高圓寺、吉祥寺

1

2

👍 觀光：★★　　交通：★★★★★
📍 東京都品川區北品川 2-30-28
🕐 24 小時
💲 免費
🚃 京濱急行電鐵「新馬場站」北口步行 6 分鐘

適合賞櫻散步 & IG打卡

2月上旬	中旬	下旬

寒緋櫻
🚶 ★★★　　📷 ★★★★

1,2,3. 荏原神社寒緋櫻眼
4,5. 糸川遊步道熱海櫻

荏原神社
順道遊熱海賞櫻

　　講到寒緋櫻，一般來說會想到沖繩或台灣，但其實在東京也看得到這種櫻花！品川區新馬場站附近的荏原神社就有兩棵寒緋櫻，它們在每年的約 2 月初到 2 月中就會迎向滿開，寒緋櫻的花期非常早，雖然數量不多，但開起花來卻十分壯觀，紫粉紅色的花色也讓它非常有存在感。運氣好的話，還遇得到綠繡眼等來吃花蜜的小鳥，枝頭上很是熱鬧，來這裡既能賞花又能賞鳥，一兼二顧摸蜊仔兼洗褲！

推薦拍照時間或角度

相對順光的時刻（東海七福神惠比壽石像）

傍晚就會有點背光

中午以前來光線比較順

由於神社前的道路是有點角度的東西向，所以不管是早上還是下午，都會有一個方向處在逆光的區域，神社正面順光的時段為中午以前，因此我會比較推薦上午來拍照。不過黃昏時分也能將櫻花與橘紅色天空拍在一起，只是此時的櫻花就會背光，對自己的修圖技巧、相機規格有信心的人，也可以選擇傍晚的時候過來。

什麼時候去荏原神社最好？

荏原神社的寒緋櫻每年約在 2 月初到中盛開，若大家想知道花況，由於官網並不會針對櫻花的狀況更新公告，推薦可以上 Instagram 看荏原神社的地標貼文，或有標「#荏原神社」的貼文，記得不要只看照片就下判斷，要看一下內容才能確定最近的狀況如何。

在行程安排上，當荏原神社的寒緋櫻正處於觀賞期的時候，有機會與熱海的熱海櫻花期重疊，因此很推薦大家可以將熱海櫻名所糸川遊步道安排在後面。荏原神社距離新幹線停靠站品川並不遠，因此可以在早上來荏原神社看紫粉紅色的寒緋櫻，再搭車到品川站轉乘新幹線前往熱海，再搭公車去糸川遊步道欣賞粉紅色的嬌俏熱海櫻，還能逛逛附近的商店街，晚上可以在溫泉旅館住一晚，或是直接搭車回東京。

建議順遊

品川
熱海糸川遊步道

1

2

林試之森公園
能同時賞飛機的寶藏景點！

　　林試之森公園原本是進行林業相關研究的林業試驗場，後來由於該機構整個移到茨城縣筑波市，所以這塊土地便被重新規畫為公園，並對一般民眾開放。這座公園內有 6 棵河津櫻，雖然數量不是太多，但若想提前感受春日氛圍，這裡絕對是一個很不錯的早櫻景點，如果你又帶著小孩同行，這裡還能滿足讓他跑跳玩耍的需求。

　　若在假日前往，樹下的空地會擠滿野餐的民眾，是有滿滿日常感的小天地，但是我到訪的當天飛沙感有點重，感覺不是非常適合在這裡用餐，大家可以斟酌看看。從目黑站出發、在武藏小山站下車後步行，整趟約 15 分鐘可以抵達；若從澀谷站搭公車，則約半個小時可以抵達。個人覺得交通不算太麻煩，對觀光客來說算是容易安排進行程的景點。請注意：疫情是禁止野餐的，未來若要前往，請查詢最新規定。

林試之森公園賞櫻小驚喜

　　在這裡賞櫻時，默默發現時不時就有飛機經過，剛開始還不以為意，後來才想到羽田機場距離此地不算太遠，所以才會有這麼多飛機起降，如果你除了賞櫻外，也很喜歡看飛機的話，

3
4
5
6

👍 觀光：★★★☆
　　交通：★★★☆
📍 東京都目黑區下目黑五丁
　　目、品川區小山台二丁目
🕐 24 小時
💲 免費
🚃 東急電鐵目黑線「武藏小
　　山站」步行 10 分鐘
📱

適合 賞櫻散步 & IG打卡

2月下旬	3月上旬	中旬

河津櫻
🚶 ★★★☆　📷 ★★★☆

1. 野餐的人潮
2.5. 背景一片粉紅很好拍
3. 吸睛的綠鸚鵡
4. 河津櫻
6. 廣闊的林試之森公園

這裡根本就是你的寶藏景點！時機抓得好的話，還可以將飛機與河津櫻拍在一起。

另外，我到訪時遇到了幾隻在枝頭上恣意品嘗花蜜的頑皮綠鸚鵡，弄得地上都是牠們咬下來的花朵，真是既為櫻花感到惋惜，又被綠鸚鵡的淘氣給逗樂，更拍下了許多牠們可愛的身影。在網路上查資料時，也有看到別人有在這裡看到綠鸚鵡，或許牠們每年定期都會到這邊光顧一下也不一定，各位賞櫻時，別忘了抬頭看看，或許會有意想不到的發現。

請先查好河津櫻的所在地

河津櫻的具體位置在林試之森公園東側的芝生廣場，大家可以利用下面的資訊定位，由於此公園占地 12 萬平方公尺，面積不小，若只是跟著人群走很有可能多走很多冤枉路，還請各位多多留意。

Google Map　JPG4+63 品川區

建議順遊

目黑
武藏小山商店街

飯田橋、九段下

観光：✿✿✿✿✿　交通：✿✿✿✿

📍 東京都千代田區九段南 2 丁目～三番町 2 先

🕐 24 小時

💲 免費

🚇 東京地下鐵東西線、半藏門線及都營地下鐵新宿線「九段下站」步行 5 分鐘

適合賞櫻散步 & IG打卡

	3月下旬	4月上旬	中旬
染井吉野櫻			
🚶	✿✿✿✿✿		
📷	✿✿✿✿✿		

1. 在千鳥淵划船賞櫻的遊客
2. 千鳥淵的夜間點燈

千鳥淵
將繁華東京一併收入鏡頭

　　千鳥淵為東京經典的賞櫻景點之一，來到這裡除了能在長 700 公尺、共 260 棵櫻花的步道中漫步，視線越過櫻花及皇居護城河，更能遠眺其他高樓大廈，一窺東京的繁華。在櫻花盛開的時期，這裡也會舉辦夜間點燈的活動，打了燈的櫻花倒映在河水上，波光粼粼的景致美到不行。

2

划船賞櫻

　　來到千鳥淵賞櫻，許多人都會特別安排租船賞櫻的行程，能以不同的視角欣賞滿開櫻花，更能將船划近開得比較低的櫻花樹拍照，因此總是大排長龍，等個一兩個小時完全不稀奇，不過嘗試過的人都說很值得。如果你也想試試看，可以早一點過來排隊，不然就要多安排一點時間等候喔！

千鳥淵船場

🪧 東京都千代田區三番町 2

🕐 10:00 ～ 17:00(3 ～ 11 月)

💲 平常：30 分鐘 ¥500、60 分鐘 ¥1,000

　　櫻花季：30 分鐘 ¥800、60 分鐘 ¥1,600

　　週一公休 (如遇國定假日則隔日休)

🚇 東京地下鐵東西線、半藏門線、都營新宿線「九段下站」2 號出口步行 10 分鐘；東京地下鐵半藏門線「半藏門站」5 號出口步行 10 分鐘

建議順遊

國立劇場
表參道
澀谷

推薦拍照時間或角度

存在於過去的景觀　　　　　此為 2022 年所攝，2024 年已經看不到了

九段坂公園公廁旁拍下東京鐵塔

　　千鳥淵有一個拍攝東京鐵塔的經典角度，具體的拍攝地在九段下站 2 號出口的九段坂公園公廁旁，一般來說都會有警衛在現場維持秩序，要大家趕快拍完互相禮讓，所以雖然人很多，但不會花太久時間排隊。不過東京的大樓一年一年地蓋起來，現在的風景也與網路上的照片不太一樣，2023 下半年，東京鐵塔已經幾乎被擋住，還請要去的旅人做好心理準備。

1

👍 觀光：★★★
   交通：★★★★★
📍 東京都港區元赤坂 1-4-7
🕐 6:00 ～ 20:00
   （出發前請再上官網確認）
💲 免費
🚇 東京地下鐵銀座線、丸之內線「赤坂
   見附站」B 出口步行 5 分鐘；東京地
   下鐵有樂町線、半藏門線、南北線「永
   田町站」7 號出口步行 5 分鐘

適合 賞櫻散步 & IG打卡

3月中旬	下旬	4月上旬	中旬

江戶彼岸櫻
🚶 ★★★ 📷 ★★★

八重櫻
🚶 ★★★ 📷 ★★★

豐川稻荷東京別院
日本知名藝人也愛造訪

　　與日本 TBS 放送中心同在赤坂的豐川稻荷東京別院，以祈求緣分、斬孽緣、財運及健康聞名，是許多日本藝人都有奉納的寺院，仔細找的話，會發現境內的燈籠有很多藝人的名字（網路上查得到資料的就有土屋太鳳、松子 Deluxe、傑尼斯事務所旗下的藝人等），因此也吸引不少粉絲前來朝聖。這個寺院同時也是早開櫻及晚開櫻的景點。

1. 豐川稻荷東京別院晚開的八重櫻
2. 稻荷信仰中的重要使者靈狐
3. 早開的江戶彼岸櫻
4. 我也抽了男御籤
5. 二訪時才抽了女御籤

因為傑尼斯偶像而爆紅的御籤

除了寫有藝人名字的燈籠外，這裡的男御籤（男みくじ）跟女御籤（女みくじ）也很有名，因為上過電視節目，更被日本偶像團體 Snow Man 介紹過，所以有許多粉絲爭相前往求籤。像我第一次到訪時，就沒有女御籤可以抽。

這個籤除了寫有你最近的運勢外，裡面還有一片刻有漢字的金黃色御守，其實也是這個小小的御守，讓許多人為了跟自己的偶像抽到同樣的文字，而不停地挑戰。

什麼時候造訪最好？

豐川稻荷東京別院的櫻花共有兩種，一種是 3 月中到 3 月底盛開的江戶彼岸櫻，它的花色為淡淡的粉紅色，非常清新高雅；另一種是 4 月初到 4 月中盛開的八重櫻，顏色是存在感強烈的濃粉紅色，位置就在寺院的正門口，美豔動人。

由於這兩種櫻花的花期都與染井吉野櫻錯開，所以個人覺得比較適合原先沒有計畫要在東京看櫻花，但來了之後有一些空檔可以安插其他景點的旅人。至於現在適不適合去呢？推薦大家可以到 Instagram 上看豐川稻荷東京別院的地標貼文，看看其他遊客所分享的照片，去判斷目前適不適合前往，記住不要只看照片就下判斷，要連同內容一起閱讀，才不會撲空喔！

建議順遊

赤坂、銀座、澀谷
有樂町、表參道

1

2

紀尾井町街道
以櫻花作為行道樹

　　紀尾井町靠近赤坂，是東京的辦公街之一，除了聚集不少辦公大樓外，還有很多高級飯店開在這一帶，像是被列為日本飯店三巨頭之一的新大谷飯店，及王子大飯店中最高級的品牌線東京紀尾井町王子畫廊飯店也開在這裡。

　　紀尾井町街道便是紀委井町當中最主要的一條道路，它的兩側很特別，竟然種了關山櫻這種八重櫻作為行道樹，每當染井吉野櫻的花季結束後，這條道路就要迎來一年中最燦爛的期間了。

👍 觀光：🌸🌸🌸🌸
交通：🌸🌸🌸🌸🌸
📍 東京都千代田區紀尾井町 2
🕐 24 小時
💲 免費
🚇 東京地下鐵有樂町線、半藏門線、南北線「永田町站」8 號出口步行 2 分鐘

適合 賞櫻散步 & IG打卡

4月上旬	中旬	下旬

八重櫻
🚶 🌸🌸🌸 ◎ 🌸🌸🌸🌸🌸

1,4. 華美的紀尾井町街道
2,5. 到處都是關山櫻
3. 圓滾滾的關山櫻
6. 紀尾井町街道街景

紀尾井町的地名由來

　　這塊土地在過去有幾個著名的武士將房子蓋在這裡，分別是德川將軍家的分家「紀州德川家」及「尾州德川家」，還有「彥根井伊家」，目前的地名便是從這三家當中各取一個字所組成的。

到訪時間參考
我到訪紀尾井町街道的那年，東京宣布 3/24 染井吉野櫻開花 (3/31 預測滿開)，而我在 4/10 到訪此地時開得正漂亮。

什麼時候去紀尾井町街道最好？

　　八重櫻多在染井吉野櫻之後盛開，而關山櫻大概會晚染井吉野櫻一週進入最佳觀賞期，所以很適合來到東京卻發現染井吉野櫻已經進到尾聲、不小心沒追到染井吉野櫻的旅人前往。八重櫻的花期本身又比較長，所以原本沒考慮要賞櫻的朋友，如果突然一個轉念想看點櫻花，在 4 月底前都可以找找看種植八重櫻的景點。

建議順遊

赤坂、銀座
有樂町、澀谷
表參道

1

2

東京中城
高品質櫻花系列體驗

六本木的東京中城(Tokyo Midtown)，是都市再開發計畫下誕生的複合商業設施，給人一種時髦、流行的印象，裡面有商場、辦公室、住宅、飯店、庭園、美術館等等，其中還保留了原有的 150 棵櫻花樹。每年櫻花季，東京中城也會推出一系列的櫻花主題活動，像是會聯合甜點店及熟食店推出櫻花甜點或便當，並與外部企業合作，在戶外設置餐車及別緻的休息空間，為前來賞櫻的遊客提供上相又美味的飲料及點心。不管你是一個人獨自旅行，還是和三五好友同行，來到這裡都能擁有高品質的賞櫻體驗。

Tips
——— 推薦拍照時間或角度 ———

看得到一點點東京鐵塔

用長焦鏡頭捕捉東京鐵塔

在東京中城花園賞夜櫻的時候，發現有些角度也能從櫻花間隙中看到東京鐵塔，雖然露出來的僅有上半部分，但用長焦鏡頭拍攝，也能拍下幾張夢幻的照片。

3

4

5

6

👍 觀光：🌸🌸🌸🌸🌸

　　交通：🌸🌸🌸🌸🌸

📍 東京都港區赤坂 9-7-1

🕐 24 小時

💲 免費

🚇 都營地下鐵大江戶線、東京地下鐵日比谷線「六本木站」步行 1 分鐘

[QR code]

適合 賞櫻散步 & IG打卡

3月下旬	4月上旬	中旬

染井吉野櫻

🚶 🌸🌸🌸🌸🌸　📷 🌸🌸🌸🌸🌸

1. 白天的櫻花大道
2,5,6. 夜櫻
3. 在戶外一面用餐一面賞櫻
4. 戶外佈置

　　東京中城的櫻花會舉行夜間點燈，景色日夜皆宜，很推薦大家兩種風格都要欣賞，再加上櫻花季節時，東京中城舉辦超多活動，因此可以在此多安排停留時間。另外，如果大家有提早做功課的話，很推薦可以預約東京中城裡面有露天座位、可以近距離賞櫻的餐廳，由於這些餐廳有一點價位，再加上能欣賞美麗櫻花的浪漫氛圍，十分推薦情侶或夫妻前來，度過專屬於兩人的美好時光。

　　要注意的是，那些景觀餐廳都非常有人氣，若在到訪當天才想到要進去用餐，幾乎不可能有機會坐在視野好的位子，因此若有這樣的打算，還請提早預約。

建議順遊

新宿
麻布十番
中目黑
惠比壽
銀座

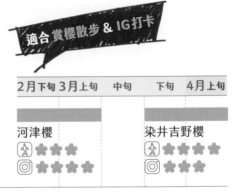

澀谷、原宿及周邊

👍 觀光：★★★★★
交通：★★★★★

📍 東京都澀谷區代代木神園町、神南二丁目

🕐 24 小時

💲 免費

🚉 JR「原宿站」、東京地下鐵千代田線「代代木公園站」、千代田線及副都心線「明治神宮前（原宿）」步行 3 分鐘

適合 賞櫻散步 & IG打卡

	2月下旬	3月上旬	中旬	下旬	4月上旬
河津櫻 🚶 ★★★ 📷 ★★★★				染井吉野櫻 🚶 ★★★★ 📷 ★★★	

代代木公園
早開櫻也小有規模

　　著名的代代木公園，為東京 23 區中第五遼闊的都立公園，鄰近車站及人氣觀光地原宿的好位置，讓它不僅深受當地居民的喜愛，也是遊客會特地安排時間，前來欣賞日本四季風景的名勝之一。這裡約有 600 棵櫻花，且品種眾多，我最推薦的花期有二：2 月底到 3 月初的河津櫻花期，以及 3 月底到 4 月初的染井吉野櫻花期。

1. 東京當中很不錯的河津櫻景點
2,3. 浪漫的河津櫻
4,5. 染井吉野櫻盛開後是賞櫻、拍照、玩耍的人氣地

河津櫻　2月底到3月初

　　代代木公園裡面約有 10 棵河津櫻樹，雖然數量不多，但以東京的早開櫻景點來說，已經算是很不錯的規模了！而且早開櫻的景點本來就比較少，在有限的選擇中，代代木公園的河津櫻可以說很值得一觀，不管你是想賞櫻還是拍照，這裡都可以滿足你的需求。另外，這裡臨近原宿，所以在安排觀光行程上也完全不麻煩。初訪的當天已是午後時分，我看到有老夫老妻坐在樹下聊天、也有人帶愛犬出來跑跳、更有小家庭帶小朋友來拍照，如此安靜祥和的氛圍，讓人也想坐在樹下，欣賞旁人的歲月靜好。

Google Map MMCW+JM 澀谷區

染井吉野櫻　3月底到4月初

　　在染井吉野櫻的花期當中，代代木公園的櫻花花況也會來到巔峰，這個時期會有很多遊客來到這裡野餐，草皮上也會有不少在玩球的小家庭，可以說非常熱鬧，只是也有點擔心會被打到。另外，這裡椅子設置得比較多，就算沒有帶野餐墊，也可以在公園內的長椅休息，一邊賞花一邊飲食。

Google Map MM9V+QV 澀谷區

建議順遊
明治神宮、原宿
新宿、澀谷

1
2

澀谷明治街道
既逛街也賞陽光櫻

在熙來攘往的澀谷，有一條以陽光櫻為行道樹的明治街道（明治通り），這一側靠近 Shibuya Stream、澀谷宮下公園等複合設施，來賞櫻也能順道去其他地方逛街購物，是一個我非常喜歡、也非常推薦的櫻花景點。陽光櫻的整體花況比染井吉野櫻早幾天，若想知道這條路上的開花情形，我一般會到 Instagram 看地標標在澀谷的貼文，沒有的話再將「#渋谷」、「#shibuya」的貼文也看過一次，因為如果盛開的話，多少會有人拍照上傳（記得也要看一下內文判斷是否為近期拍攝）。

什麼時候去澀谷明治街道最好？

個人最推薦的時間是染井吉野櫻剛開始盛開時（大致上是宣布染井吉野櫻開花後的第五或第六天），因為澀谷明治街道的旁邊有一個染井吉野櫻的景點，也就是下一篇會介紹的澀谷櫻丘，若能在兩種櫻花花期重疊之際前來，就能一次欣賞它們的魅力。可以在中午先看完陽光櫻後，再到下一篇的澀谷櫻丘拍幾張照，下午則安排在澀谷逛街購物，傍晚再到澀谷櫻丘看點燈。

不過如果沒辦法待到染井吉野櫻接近滿開，那也很推薦先以澀谷明治街道的陽光櫻為優先，因為陽光櫻的花況都早染井吉野櫻幾天，在染井吉野櫻還比較多花苞時，陽光櫻就已經很漂亮了。

👍 觀光：🌸🌸🌸🌸🌸
　　交通：🌸🌸🌸🌸🌸
📍 東京都澀谷區澀谷 3-8-10
🕐 24 小時
💲 免費
🚇 JR、京王電鐵、東急電鐵、
　　東京地下鐵「澀谷站」步
　　行 3 ～ 5 分鐘

適合賞櫻散步 & IG打卡

3月上旬	中旬	下旬

陽光櫻
🚶 🌸🌸🌸　📷 🌸🌸🌸🌸

1,2,5. 澀谷明治街道的陽光櫻
3,4. 盛開的陽光櫻

Tips

── 推薦拍照時間或角度 ──

陰天、從高架路橋拍攝　　晴天 14:15、從高架路橋拍攝

中午附近或陰天拍照效果比較好

　　由於明治街道兩側都有建築物，所以如果天氣太好，很容易會有一部分的櫻花樹在陰影中，這樣拍起來的顏色就不會太漂亮。我自己是比較推薦陰天，或是靠近中午、太陽角度比較高的時候過來拍攝。

在 Shibuya Stream 前的高架路橋拍攝

　　除了從地面欣賞這兩條粉紅色的櫻花大道外，也十分推薦大家走上路橋欣賞、拍攝（景觀如圖 5）。但希望大家注意的是，由於底下就是車水馬龍的車道，請大家一定要將手機或相機拿好，不要將手伸出路橋，以免造成橋下發生交通事故。

建議順遊

澀谷櫻丘（染井吉野櫻）
澀谷、原宿、新宿
橫濱

澀谷櫻丘
近年熱門打卡地

　　澀谷櫻丘有一條美麗的櫻花大道，它隱身在熱鬧繁忙的澀谷當中，是這幾年非常有人氣的打卡熱點。在櫻花盛開時，這裡還會舉辦澀谷櫻丘櫻花祭（渋谷桜丘桜まつり）的活動，除了會聯合附近的商店推出優惠外，也會邀請一些歌手、搞笑藝人、劇團在周邊的設施演出，夜晚更會舉辦夜間點燈，為櫻花大道增添一股魔幻的氣息，景觀非常動人，是值得白天晚上各來一次的櫻花景點。請注意：澀谷櫻丘的點燈顏色有可能改變，請以每一年實際的活動為準。

Tips
推薦拍照時間或角度

經典拍攝角度

從正面拍攝

　　澀谷櫻丘最經典的攝影角度是從正面拍攝，你可以選擇站在對向人行道上，向櫻花隧道拍攝，或是站在上方的澀谷站西口步道橋往下拍攝。

觀光：🌸🌸🌸🌸🌸
交通：🌸🌸🌸🌸🌸
📍 東京都澀谷櫻丘町 24-1
🕐 24 小時
💲 免費
🚉 JR、京王電鐵、東急電鐵、東京地下鐵「澀谷站」步行 3 ～ 5 分鐘

澀谷櫻丘的歷史

據說櫻丘這個地名是源自明治維新時期，日本的武士、政治家梅江田信義先生在此地種了櫻花，並以住宅區為目的開發，才讓這一帶有了櫻丘的稱呼。不過根據櫻丘站前共榮會(桜丘駅前共栄会)的記載，後來這裡一度將櫻花樹砍掉並改種柳樹，因此有一段時間的街景，和現在可以說是大相徑庭。

目前大家看到的櫻花樹則是 1991 年再次種植的，所以歷史也不算長，目前這附近則因為都市更新的計畫，不管是街景還是設施，可以說年年都在進化。

澀谷宇宙櫻專案

宇宙櫻 (そらざくら) 是指種子曾和太空人一同在宇宙旅行，之後回到地球種植的櫻花，那些種子來自日本各地的著名櫻花樹。澀谷櫻丘也在 2018 年 3月，正式啟動了澀谷宇宙櫻專案 (渋谷宇宙桜プロジェクト) 這個企劃，並於澀谷 Infoss 大廈 (渋谷インフォスタワー) 前種植了宇宙櫻。雖然目前還小小一棵，不過這幾年也順利地開了花，相信未來會越來越壯觀。另外，該專案也會繼續在澀谷種植宇宙櫻喔！

Google Map MP42+45 澀谷區

適合賞櫻散步 & IG打卡

3月下旬	4月上旬	中旬

染井吉野櫻

🚶🌸🌸🌸🌸 📷🌸🌸🌸🌸🌸

1,2. 繽紛多彩的夜間點燈
3. 白天的澀谷櫻丘
4. 別忘了來找找宇宙櫻

建議順遊

澀谷
原宿
新宿
代代木公園

1

2

目黑川
別錯過滿溢櫻花風情的星巴克旗艦店

目黑川是日本名聞遐邇的櫻花景點，也是很多賞櫻人氣排行榜的調查中，經常穩坐第一名的常勝軍，除了綿延約 4 公里，以及共 800 多棵的櫻花非常壯觀之外，沿岸一帶的時髦氛圍、別緻店家、櫻花季限定的特色攤販，都是目黑川的魅力之一。在櫻花盛開的時期，目黑川還會進行夜間點燈，因此人潮到了晚上也還是絡繹不絕。

必去！星巴克臻選東京烘焙工坊

來到目黑川賞櫻，絕對不能錯過星巴克臻選東京烘焙工坊，這間店是全球繼美國西雅圖、中國上海、義大利米蘭、美國紐約之後的第五間星巴克臻選，在開幕當初，它可是世界最大規模的星巴克旗艦店（後來被在美國芝加哥落成的第六間店超越）。店家外觀為知名建築師隈研吾設計，內部一共有 4 層樓，每層樓都有不同的主題，讓人大開眼界。

由於它就開在目黑川沿岸，從店內就能欣賞外面的櫻花大道，三樓更有戶外的露天席，讓客人可以從上方觀賞綿延不絕的櫻花樹，飲料及飲食方面，也會推出只有這裡才吃得到的櫻花季限定菜單，滿滿的看點，讓它在櫻花季是一位難求，我也總是一進去

👍 觀光：🌸🌸🌸🌸🌸
　　交通：🌸🌸🌸🌸🌸
📍 東京都目黑區大橋一丁目
　　10番地先～目黑區下目黑
　　二丁目9番先
🕐 24小時
💲 免費
🚃 東急東橫線或東京地下鐵
　　「中目黑站」、東急田園
　　都市線「池尻大橋站」東
　　口步行2分鐘

適合賞櫻散步 & IG打卡

3月下旬	4月上旬	中旬

染井吉野櫻
🚶🌸🌸🌸🌸🌸　📷🌸🌸🌸🌸🌸

就不想再出來。店家採用發放整理券的方式控管人數，經常聽說才下午就達到上限人數的例子，建議想去朝聖的人，最好一大早就到現場排隊。

　　這間店的位置距離車站有一點遠，約莫是在中目黑站及池尻大橋站的中間，不管從哪一站出發，都要走10幾分鐘才會抵達，大家在安排行程時，這部分也要考慮進去喔！

1. 繽紛多彩的夜間點燈
2. 日間的目黑川
3. 夜間點燈
4. 愛心形狀的吉拿棒
5. 賞櫻人潮
6. 人氣的草莓氣泡飲
7. 星巴克3樓的人氣露天席
8. 不容錯過的星巴克櫻花季
　 限定餐飲

建議順遊

澀谷
橫濱

櫻神宮
櫻花祭限定御朱印

　　櫻神宮位在世田谷區的櫻新町站附近，是一個小小的、別緻的古式神道神社，近年來以河津櫻景點在網路上享有高人氣。神社裡面共 4 棵河津櫻，兩棵在神殿旁、兩棵在門口鳥居旁，雖然數量不多、規模不大，但風景卻很獨特。

　　面對神殿左手邊的河津櫻樹是結緣木，大家可以將願望寫上緞帶，綁在樹上祈福，這個打結的動作，便象徵著與神明結緣。每到 2 月底 3 月初河津櫻盛開時，飄逸的粉紅緞帶襯著櫻花，形成了一幅獨特的春日盛景。

②

很棒的晚開櫻景點──櫻新町

　　櫻神宮旁的世田谷區櫻新町是東京的高級住宅區之一，原先在大正時代初期進行開發時，就已經在當地種了數千棵的櫻花樹，後來又在 1977 年，於櫻新町站前街道種了上百棵的八重櫻，規模不小。時至今日，已經是很棒的晚開櫻景點，若大家來日本來得比較晚，不妨可以到櫻新町走走。

4

3

5

👍 觀光：🌸🌸🌸🌸🌸

　　交通：🌸🌸🌸🌸🌸

📍 東京都世田谷區新町 3-21-3

🕐 24 小時 (御朱印、御守 9:00 ～ 17:00)

💲 免費

🚉 東急田園都市線「櫻新町站」北口步行 2 分鐘

適合 賞櫻散步 & IG打卡

2月下旬	3月上旬	中旬

河津櫻

🚶 🌸🌸 　📷 🌸🌸🌸🌸🌸

1. 櫻神宮神殿前的河津櫻
2. 繫著祈願緞帶的結緣木
3. 櫻新町的華美八重櫻大道
4. 河津櫻
5. 人氣打卡地

HEY!

這邊參拜採「二拜四拍手一拜」

　　一般的神社多採取二拜二拍手一拜的形式，不過櫻神宮採取的是二拜四拍手一拜，與島根縣出雲大社、新潟縣彌彥神社一樣。

期間限定御朱印

　　除了參拜、賞櫻、祈願外，櫻神宮櫻花季的期間限定御朱印也十分有人氣，這幾年都會在 3 月 1 日到 3 月 31 日推出三種款式，大家可以在 9:00 ～ 17:00 進行索取。這種期間限定的御朱印，每年多少會做一些更改，不過也有可能沿用去年的設計。

櫻花季限定御朱印　　御朱印帳也可愛　　也可以寫繪馬或購買粉紅色緞帶

建議順遊

長谷川町子美術館
澀谷

東京鐵塔周邊

1

2

👍 觀光：🌸🌸🌸🌸　交通：🌸🌸🌸🌸🌸
📍 東京都港區芝公園一・二・三・四丁目
🕐 24 小時
💲 免費
🚃 JR「濱松町站」步行 12 分鐘；都營地下鐵大江戶線「赤羽橋站」、都營地下鐵三田線「芝公園站」或「御成門站」步行 2 分鐘；都營地下鐵淺草線、大江戶線「大門站」步行 5 分鐘

[QR code]

適合 賞櫻散步 & IG打卡

2月下旬	3月上旬	中旬

河津櫻
🚶🌸　📷🌸🌸🌸🌸🌸

芝公園
拍下東京鐵塔的奇蹟美照！

1. 圍繞東京鐵塔的河津櫻
2,3. 巧遇淘氣的棕耳鵯

　　芝公園是東京都最有歷史的公園之一，除了設有供小孩玩耍的遊樂器材外，公園內還有飯店、圖書館等設施，也種了五花八門的花草樹木，是一個能充分感受季節遞嬗的都市綠地。在這樣的一個公園內，當然也有櫻花可以看，但在眾多櫻花品種中，大概就屬河津櫻最受矚目了。不過，這個景點厲害的地方不在櫻花的數量，而在

它們的位置能讓我們拍下河津櫻環繞東京鐵塔的奇蹟美照。

對芝公園河津櫻的正確認知

芝公園的河津櫻每年約在 2 月底到 3 月初盛開，在這個時期，能夠將東京鐵塔拍得宛若被櫻花林團團包圍，不過，這裡其實只有三棵河津櫻樹，而且每一棵都小小的、很迷你，比起賞花，真的就是只能拍拍照的小規模，還請各位在過來以前，別對現場有太不切實際的期待。

第一棵河津櫻

`Google Map` MP4X+9P 港區

第二、三棵河津櫻（要走超過這個地方）

`Google Map` MP4X+G9 港區

什麼時候去芝公園最好？

根據個人的經驗，三棵河津櫻當中，有一棵總是很早就盛開了，當它凋謝後，就變成另外兩棵的天下，因此我覺得雖然大致上是 2 月底 3 月初才會滿開，不過還是可以稍微提早一點，到現場碰碰運氣喔！

Tips

── 推薦拍照時間或角度 ──

下午三點的背光狀況

建議中午以前來才不會背光

由於東京鐵塔與河津櫻的相對位置，因此它們在下午就會落在背光處或陰影處，這樣拍出來的照片顏色會很難調整，因此還是推薦大家盡量早一點抵達才是上上策喔！

走近拍攝　　　　走遠拍攝

貼近櫻花樹朝東京鐵塔攝影

想要拍出花團錦簇的照片，在拍攝時，記得走近河津櫻，這樣櫻花在照片中才會看起來有分量，進而營造出東京鐵塔被河津櫻圍繞的錯覺。

建議順遊

增上寺、東京鐵塔
日本橋、人形町
六本木、築地市場

1 / 2 / 3

增上寺
現代與歷史融合的景致

　　增上寺以祈求勝利聞名，是東京極具代表性的寺院之一，在境內不僅能清楚地看到東京鐵塔，還能欣賞許多被指定為日本重要文化財的歷史建築。除了現代與過去相互融合的景致外，增上寺也是東京十分有人氣的賞櫻地，據說這裡面種了 200 多棵櫻花樹，品種主要以稍微早開一些的枝垂櫻及染井吉野櫻為主，而且還有不少角度可以將櫻花與東京鐵塔拍在一起，若各位計畫前來，屆時請不要忘記多拍幾張照打卡呀！

　　另外，增上寺有一座埋葬了 6 位德川將軍的墓園「德川將軍家墓所」，

Tips

──── 推薦拍照時間或角度 ────

建議中午以前來才不會背光

想要拍下枝垂櫻圍繞東京鐵塔的風景，要中午以前順光的時候來才好拍，下午越晚背光的狀況會越嚴重。

過去的墓園內似乎有一棟十分富麗堂皇的建築，只可惜後來在戰爭中被摧毀而沒有保留到現在。這個墓園平常不能入內參觀，但在染井吉野櫻盛開的 4 月，便會對外開放一部分，有興趣的話別忘了安排進行程。

5

6

👍	觀光：★★★★☆
	交通：★★★★★
📍	東京都港區芝公園 4-7-35
🕐	24 小時
💲	免費
🚃	JR、東京單軌電車「濱松町站」步行 10 分鐘；都營地下鐵三田線「御成門站」或「芝公園站」步行 3 分鐘；都營地下鐵淺草線、大江戶線「大門站」步行 5 分鐘；都營地下鐵大江戶線「赤羽橋站」步行 7 分鐘；東京地下鐵日比谷線「神谷町站」步行 10 分鐘

枝垂櫻　3月底

　　雖然增上寺內的枝垂櫻沒有很多棵，不過每一棵樹都十分高大，盛開起來十分迷人，而且這裡的枝垂櫻通常在染井吉野櫻正式進入最佳觀賞期前，就早一步迎向滿開，因此，當染井吉野櫻雖然已經開花、但還不夠壯觀時，就可以到增上寺走走，還能以東京鐵塔、鐘樓堂為背景，拍下一張又一張特別的櫻花風景照。

染井吉野櫻　3月底到4月初

　　增上寺境內種了 100 多棵染井吉野櫻，當它們盛開時，除了在地面欣賞之外，看到有人分享說也可以到東京鐵塔特別展望台或大展望台，由高空俯瞰增上寺的粉白染井吉野櫻。

適合賞櫻散步 & IG打卡

3月下旬	4月上旬	中旬

枝垂櫻
🚶 ★★★★☆　📷 ★★★★★

染井吉野櫻
🚶 ★★★★☆　📷 ★★★★☆

1,2,3. 枝垂櫻盛開時的景致
4,5. 千缽子育地藏菩薩與染井吉野櫻
6. 增上寺的經典風景

建議順遊

芝公園、東京鐵塔
日本橋、人形町
六本木、築地市場

台場

👍 觀光：🌸🌸🌸🌸🌸　交通：🌸🌸🌸🌸🌸

📍 東京都港區台場 1-7-1

🕐 24 小時

💲 免費

🚉 百合鷗線「台場站」步行 1 分鐘；東京臨海高速鐵道臨海線「東京電訊站」

適合 賞櫻散步 & IG打卡

	2月下旬	3月上旬	中旬

河津櫻

🚶🌸　📷🌸🌸🌸🌸🌸

AQUA CiTY ODAIBA
與自由女神像合照一張

　　AQUA CiTY ODAIBA 是台場有名的複合式購物中心，在它靠近台場海濱公園的那一側，有一條約 270 公尺的步道，一旁種了 20 到 30 棵的河津櫻花樹。來到這裡，不僅能以這些櫻花為天，一面漫步一面欣賞，也可以從 AQUA CiTY ODAIBA 二樓的戶外空間，眺望這一條粉紅長龍。另外，在這裡還能拍到河津櫻圍繞自由女神像的有趣風景，如果大家有來，也可以嘗試拍拍看。

2

3

推薦拍照時間或角度

三訪後成功拍下自由女神

從樓梯拍攝自由女神像

　　台場的自由女神像是認知度很高、非常有代表性的地標，也是這一條河津櫻大道與其他景點的最大差異，滿推薦大家可以試著將河津櫻與自由女神像拍在一起，未來再翻看照片，絕對不會忘記這些櫻花是在哪裡拍的。由於這裡的河津櫻高度，並沒有比 AQUA CiTY ODAIBA 二樓的平台圍牆高，不過各位可以在通往一樓的樓梯上，找到讓河津櫻團團包圍自由女神像的角度。

HEY!

台場為什麼會有自由女神像？

　　自由女神像象徵著自由與民主主義，世界上很多地方都有擺放，目前在台場海濱公園的自由女神像，是得到法國巴黎的許可，重新建造的複製品，於 2000 年對外公開。

　　日本設置自由女神像的契機，則是法國為了記念日法間的友好關係，因而建造並提供給日本展示的，實際展期為 1998 年 4 月 29 日到 1999 年 5 月 9 日。沒想到在為期一年多的展期結束後，許多民眾表示希望自由女神像可以繼續放在日本，才在 1999 年取得巴黎的同意，再次製作一個複製品，這個便是現今我們所看到的自由女神像了。

1. 人煙稀少的河津櫻大道
2. 看得到東京鐵塔、彩虹大橋、
   台場自由女神像的好視野
3. AQUA CiTY ODAIBA

建議順遊

新橋
汐留
豐洲市場

東京23區外

👍 觀光：🌸🌸🌸　交通：🌸🌸🌸🌸
📍 東京都国立市中 1-9-52
🕐 24 小時
💲 免費
🚃 JR「國立站」南口步行 2 分鐘

適合 賞櫻散步 & IG打卡

3月下旬	4月上旬	中旬

染井吉野櫻

🚶 🌸🌸🌸🌸🌸
📷 🌸🌸🌸🌸🌸

1. 路上的枝垂櫻
2. 從國立站月台向外望的景象
3. 國立站附近有不少餐廳
4. 國立站的彩色水溝蓋

國立市大學街道及櫻花街道
錯過都心花季可以前來的好地方

　　從新宿站搭乘 JR 中央線約 35 分鐘，便會抵達本篇的主角國立站，從南口出來後，迎接你的就是馬路兩旁的高大櫻花樹，底下的綠地還開滿了五顏六色的花朵。國立站周圍非常熱鬧，餐廳、商店林立，賞櫻之餘也有地方可以用餐、休息、購物。

　　種有櫻花的道路為國立市大學街道（大学通り）及櫻花街道（さくら通り），兩條路總計約 330 棵櫻花樹，其中大多為染井吉野櫻，不過路上也有枝垂櫻、大寒櫻、大島櫻等不同品種的櫻花，當你覺得眼前的花朵氣質不太一樣時，不妨可以停下腳步多看個兩眼。

什麼時候去國立市大學街道及櫻花街道最好？

　　以櫻花的規模來說，我覺得國立站值得特地前來，不過若大家不從新宿出發，交通上可能就比較不方便，對想一天攻略很多景點的旅人而言，國立站的吸引力就會比較低，不過若有以下情況我會建議各位優先前往國立站。

　　以個人在不同年度共到訪三次的賞櫻經驗來說，我覺得這裡的開花狀況相較都心稍微晚了一天兩天，這個特點在安排行程時就可以多加利用，例如當你在東京看了好幾天的櫻花，某一天突然發現都心的景點「開始」不那麼漂亮時，下一個地方或隔天的行程就可以馬上換成國立站，或許就能繼續欣賞滿開櫻花的景色。請注意：花況每年不同、經驗並無絕對，僅供參考。

Tips

—— **推薦拍照時間或角度** ——

推薦到這座天橋拍照　　　　　　　　　　從天橋看到的景色

距離車站約 1 公里遠的天橋

　　雖然從 JR 國立站南口出來，馬上就會看到櫻花，不過再努力往前走約 1 公里，就會抵達一個能從道路中間的位置一次欣賞兩側櫻花大道的天橋，這個地方從車站看不太到，不過只要堅持著向前走，就會找到這個視野極佳的地點。

HEY!

國立站藏有一條看得到富士山的街道—

　　國立站南口附近有一條富士見街道（富士見通り），能在道路的盡頭看到富士山！景色很類似在網路上爆紅的山梨縣富士吉田本町商店街的風景，很推薦大家在賞櫻前，先拐到這裡確認富士山是否有現身。不過，櫻花季的月分比較難看到清楚的富士山，因此若你有看到，那真的是非常幸運，另外若想要攝影的話，請一定

1,2. 鋪天蓋地的櫻花
3. 夜櫻
4. 繽紛的街景

要帶長焦鏡頭，才有辦法將富士山的雄偉完整拍下。
建議拍攝點：東京都国立市中 1-9-77

建議順遊

國營昭和紀念公園
三鷹、吉祥寺
高圓寺、新宿

1

八王子市長池公園旁
在地人專屬祕密基地

東京八王子市的別所地區，有一條長約一公里的陽光櫻大道，從長池見附橋綿延到南大澤南十字路口。這裡幾乎可以說是當地人專屬的祕密賞櫻地，沒有擁擠的賞花人潮，讓人能更加全心全意地去欣賞這貼近日常生活的美麗街景，喜愛攝影、喜歡散步的旅人，一定會喜歡。

另外，據說在南大澤南十字路口旁的長池公園內，稱叫山里廣場 (やまざとひろば) 的地方，種了很多大島櫻，由於這種櫻花也比染井吉野櫻早一點盛開，因此有機會一次欣賞兩種櫻花喔！

到訪時間參考

我到訪八王子市長池公園的那一年，東京宣布 3/14 染井吉野櫻開花 (3/21 預測滿開)，而我在 3/18 到訪此地時開得正漂亮。

什麼時候去
八王子市長池公園最好？

陽光櫻的花期比染井吉野櫻早了一點，通常會在染井吉野櫻正式宣布開花到實際滿開之間盛開，所以當主要的櫻花景點雖然已經開花，但還不太漂亮時，就可以往陽光櫻的景點去。以我的經驗來說，這裡的陽光櫻的生長狀況，與東京 23 區內的其他陽光櫻差不多，因此，若都內的陽光櫻景點已經很漂亮，就可以規畫一趟別所半日陽光櫻散步行。

- 觀光：★★ 交通：★★
- 東京都八王子市別所 1 丁目
- 24 小時
- 免費
- 京王電鐵相模原線「堀之內站」外 5 號乘車處，搭乘「堀 03」公車到「見附橋」下車即達

適合賞櫻散步 & IG打卡

3月上旬	中旬	下旬
	陽光櫻	■

陽光櫻
- 散步：★★★★★
- IG：★★★★

1,3,5. 充滿日常生活感的街景
2. 住宅區那一側的陽光櫻人道
4. 被列為八王子八十八景之一的長池見附橋

Tips

推薦拍照時間或角度

眼前的橋就是長池橋

從長池橋向下望的風景

從長池橋上向下拍攝

由於長池橋無法在 Google Map 上定位，因此底下先以文字說明它的位置。從公車下車後，所看到的陽光櫻大道兩側分別為松木公園及長池公園，在松木公園的南側，有一座高架路橋將兩個公園連接在一起，那座橋便是長池橋。非常推薦大家可以走上去，從不同角度拍攝這一條陽光櫻大道，若到訪時天氣晴朗，更能欣賞陽光及樹影在路面上勾勒出的浪漫圖案。

建議順遊

澀谷
橫濱

東鄉寺
《羅生門》場景原型

東鄉寺位在東京都府中市,雖然不是很靠近都心,但從新宿站出發最快約 40 分鐘可以抵達。這裡的枝垂櫻超乎想像的高聳,每一棵的高度都有約 5、6 公尺,雖然數量只有 5 棵,但盛開起來要說是粉白瀑布也絕對不為過!其中一棵枝垂櫻更名列府中市名木 100 選之一,個人覺得很有一看的價值。

枝垂櫻以外的看點?

東鄉寺除了以賞櫻景點聞名外,它的歷史及建築也十分值得注目。東鄉寺以山梨縣的身延山久遠寺為宗,祭祀著日本著名海軍將領東鄉平八郎先生。據說他在生前便一直信仰著法華經,更懷抱著世界和平的理想,也曾許諾希望能在原先作為別墅使用的土地上,蓋一座法華經的道場。在他死後,敬慕他的舊海軍關係者便創建了東鄉寺,希望能夠供奉在戰爭中犧牲的無名軍人,而這也是東鄉平八郎先生一直以來的願望之一。

寺院境內壯觀的山門,更是請來了設計築地本願寺的知名建築師伊東忠太先生打造,莊嚴雄偉的風格,很值得細細品味。另外,這座山門建築也成為不少影視作品的原型,例如著名導演黑澤明的電影《羅生門》當中出場的門,據說便是參考東鄉寺的山門所設計。

👍 觀光：🌸🌸🌸
　　交通：🌸🌸🌸

📍 東京都府中市清水が丘 3-40-10

🕘 9:30 ～ 16:00

💲 免費

🚃 京王電鐵京王線「多磨靈園站」南口步行 5 分鐘

適合賞櫻散步 & IG打卡

	3月下旬	4月上旬	中旬
枝垂櫻			

枝垂櫻
🚶🌸🌸🌸🌸　📷🌸🌸🌸🌸

1. 如瀑布般壯觀的枝垂櫻
2. 東鄉寺的山門與枝垂櫻
3. 東鄉寺盛開的枝垂櫻
4. 從山門拍攝的枝垂櫻
5. 黃昏時分的風景

　　本篇的重點枝垂櫻，也被寺方寄託了世界和平的願望，每一年當這些枝垂櫻又再次盛開，對他們而言，就象徵著在異國他鄉殞命的軍人魂魄，化作了櫻花再次盛放。

什麼時候去東鄉寺最好？

　　除了東鄉寺的枝垂櫻景色真的頗壯觀之外，它的滿開時期是推薦給各位的最主要因素。雖然偶爾也會有花期與染井吉野櫻幾乎重疊的狀況發生，但一般來說，這裡的枝垂櫻會在染井吉野櫻宣布開花但還未滿開時進入最佳觀賞期，因此若你好不容易來到了東京，卻發現事先查好的染井吉野櫻景點，花與花苞的比例參半，這種時候不妨就可以將東鄉寺安排進你的行程。

　　而且在東鄉寺枝垂櫻盛開的時期，京王線上也有好幾個櫻花景點可以去，可以直接安排個一日遊好好地賞櫻。

京王線微早櫻一日遊（新宿出發）

府中站：
大國魂神社（枝垂櫻）

多磨靈園站：
東鄉寺（枝垂櫻）

調布站：
神代植物公園（神代曙櫻）

八幡山站：
蘆花恆春園（高遠小彼岸櫻）

國營昭和紀念公園
四季皆宜的廣大公園

　　國營昭和紀念公園是深受海內外遊客喜愛的景點，廣大的腹地中的自然景色，讓人能感受到屬於當下的季節風情，雖然它位在東京都心的 23 區之外，不過若從新宿站出發，約半個小時就能抵達，只要好好規畫行程，也不會耗費太多交通時間。

　　這裡的面積據說有 180 萬平方公尺，我每次去都會走到鐵腿，因此租借腳踏車也是園內的人氣體驗。這樣廣大的公園，據說種有 31 個品種的櫻花，數量達 1,500 多棵，除了底下兩個我覺得十分壯觀的區域外，2 月底 3 月初也有河津櫻綻放，3 月中也有寒緋櫻、修善寺寒櫻、阿龜櫻盛開，只是它們的位置較分散、規模較小，這裡雖然不多加介紹，但若各位在上述時期來到東京，有想要找地方看點櫻花的話，也可以考慮過來走走。

舊櫻花園（旧桜の園）

　　這個地方距離西立川口比較近，地點是在「殘堀川沿い」，進公園時記得看一下地圖再移動，但若找不到地圖，可以使用這個方法：建議在西立川口時，使用 `Google Map` P93X+PR 立川市 定位，途中會經過可以眺望此景色的「交流之橋」（ふれあい橋）。

👍 觀光：🌸🌸🌸
交通：🌸🌸🌸🌸

📍 東京都立川市綠町 3173

🕐 3 ～ 10 月 9:30 ～ 17:00
(4 ～ 9 月的六、日及國定
假 日 到 18:00)、11 ～ 2
月 9:30 ～ 16:30

12/31、1/1 及 1 月的第
四個週一、週二公休

💲 高中以上 ¥450、65 歲以
上 ¥210、國中以下免費

🚇 JR「西立川站」公園口步
行 2 分鐘

適合 賞櫻散步 & IG打卡

3月下旬	4月上旬	中旬

陽光櫻
🚶 🌸🌸🌸🌸 📷 🌸🌸🌸

染井吉野櫻
🚶 🌸🌸🌸🌸 📷 🌸🌸

1. 盛開的陽光櫻與剛開的染井吉野櫻
2,3. 連翹花為景色增添繽紛色彩
4. 櫻花園的染井吉野櫻

舊櫻花園將金黃連翹花、粉紅陽光櫻及純白染井吉野櫻種在一起，整個畫面繽紛又浪漫，是很難得的春日風景，不過由於陽光櫻比染井吉野櫻早盛開，若想觀賞這樣具有層次的美景，要趁染井吉野櫻剛開始滿開的期間前往，每一年約莫是 3 月底左右。

櫻花園 (桜の園)

國營昭和紀念公園內到處都種有櫻花樹，但最壯觀且最密集的就是櫻花園了，廣闊的草皮上有很多高聳的櫻花樹，但櫻花並沒有那麼高不可攀，向外自由展開的樹枝有的反而很靠近地面，能很好地享受被櫻花團團圍繞的感覺，因此每到櫻花季，許多日本人便會和親朋好友來到這裡野餐或聚會。

另外，在櫻花園附近還有一個種植油菜花的區域，大致的位置在原野花田(東)(原っぱ東花畑)的北邊。建議使用 `Google Map` `P96V+WX 立川市` 定位，從立川門步行約 23 分鐘、從西立川門或砂川門步行約 18 分鐘。

建議順遊

國立市大學街道
櫻花街道、三鷹
吉祥寺、高圓寺
新宿

瓶顆推薦！難以割捨的賞櫻景點

鳩森八幡神社

🕐 2 月底～3 月初：河津櫻
🚃 JR「千馱谷站」步行 5 分鐘（新宿站出發 10 分鐘）

鳩森八幡神社有兩棵河津櫻，樹形雖然不大，但它們就位在神社著名的富士塚旁，更有鳥居陪襯，拍起照來很有日本風情，很推薦喜歡小眾櫻花景點的人前來。

葛西臨海公園

🕐 2 月底～3 月初：河津櫻
🚃 JR「葛西臨海公園站」步行 4 分鐘（東京站出發 20 分鐘）

葛西臨海公園位在江戶川區，面向東京灣，在鑽石與花大摩天輪旁邊，有約 5、6 棵河津櫻，規模雖然不大，但可以拍到摩天輪搭配粉紅河津櫻的景象，非常夢幻。

東邦醫大街道

🕐 3 月底：陽光櫻
🚃 京急本線「大森町站」步行 11 分鐘（品川站出發 30 分鐘）

東邦醫大街道的路樹為陽光櫻，我覺得這裡幾乎沒有觀光感，拍攝難度也比較高，以賞櫻目的來說，在我心中此地的順位偏後段，比較適合喜歡深入日本當地的旅人，或是在尋覓居住地的朋友前往場勘。

居木神社

🕐 3 月底～4 月初：染井吉野櫻
🚃 JR「大崎站」步行 3 分鐘（品川站出發 10 分鐘）

居木神社位在大崎站附近，周圍雖然都是住宅區，不太有觀光的感覺，不過這個神社境內不僅種有櫻花，還有立體的櫻花御朱印，如果你有在收集，絕對要安排一些時間過來。

櫻坂

🕐 3 月底～4 月初
🚇 東急電鐵「沼部站」步行 6 分鐘（澀谷站出發 20 分鐘）

　　作為福山雅治的《櫻坂》這首歌的背景地，雖然地點離都心稍遠，我覺得還是有朝聖的價值。這附近是靜謐的住宅區，請注意不要大聲喧嘩打擾到別人唷！

九品佛川綠道

🕐 3 月底～4 月初：染井吉野櫻
🚇 東急電鐵「自由之丘站」步行 1 分鐘（澀谷站出發 18 分鐘）

　　來到自由之丘都會逛到的九品佛川綠道，這條路上種了很多櫻花，除了能逛街、購物、到時髦的咖啡用餐，還能順道享受春滿天的景色。

國會前庭北庭

🕐 4 月初～4 月底：八重櫻
🚇 東京地下鐵「國會議事堂站」步行 7 分鐘（東京站出發 15 分鐘）

　　國會前庭北庭種了 100 多棵櫻花，其中又以八重櫻為主，能看到不少外面少見的品種。八重櫻盛開時期，剛好也是杜鵑花的花期，整個庭園非常繽紛，但沒有什麼遊客，是不喜歡人擠人的旅人的最佳選擇。

人里公車站

🕐 4 月中～4 月底：八重紅枝垂
🚇 JR「武藏五日市站」轉公車 50 分鐘（新宿站出發 2 小時）

　　檜原村的人里公車站位在東京的超級西邊，就算從新宿出發，單趟車程也要 2 小時，這樣的不便及祕境感，激起了我的挑戰想法，除了風景令人難忘外，對東京也有了完全不同的認識，覺得很新鮮。

東京櫻花
自由行

作　　者	瓶顆	
總 編 輯	張芳玲	
編輯主任	張焙宜	
企劃編輯	張焙宜	
主責編輯	張焙宜	
特約編輯	翁湘惟	
修訂編輯	張焙宜	
美術設計	許志忠	

太雅出版社
TEL：(02)2368-7911　FAX：(02)2368-1531
E-mail：taiya@morningstar.com.tw
太雅網址：http://taiya.morningstar.com.tw
購書網址：http://www.morningstar.com.tw
讀者專線：(02)2367-2044、(02)2367-2047

出 版 者　太雅出版有限公司
　　　　　106 台北市大安區辛亥路一段 30 號 9 樓
　　　　　行政院新聞局局版台業字第五〇〇四號

讀者服務專線：(02)2367-2044 ／ (04)2359-5819 #230
讀者傳真專線：(02)2363-5741 ／ (04)2359-5493
讀者專用信箱：service@morningstar.com.tw
網路書店：http://www.morningstar.com.tw
郵政劃撥：15060393(知己圖書股份有限公司)

法律顧問　陳思成律師
印　　刷　上好印刷股份有限公司　TEL：(04)2315-0280
裝　　訂　大和精緻製訂股份有限公司　TEL：(04)2311-0221

二　　版　西元 2023 年 12 月 01 日
定　　價　400 元
(本書如有破損或缺頁，退換書請寄至：台中市西屯區工業 30 路 1 號 太雅出版倉儲部收)

ISBN 978-986-336-473-3
Published by TAIYA Publishing Co.,Ltd.
Printed in Taiwan

國家圖書館出版品預行編目 (CIP) 資料

東京櫻花自由行 / 瓶顆作 . -- 二版 . -- 臺北市：
太雅出版有限公司 , 2023.12
　　面；　公分 . -- (世界主題之旅；142)
ISBN 978-986-336-473-3 (平裝)

1.CST：自助旅行　2.CST：櫻花　3.CST：日本東京都
731.72609　　　　　　　　　　　　　112016494

填線上回函
東京櫻花自由行
2024～2025年最新版

https://reurl.cc/kl0yKx